14歳の
WORLDLY WISDOM FOR 14 YEARS OLD
世渡り術

「死にたい」
「消えたい」
と思ったことが
あるあなたへ

河出書房新社

はじめに

「死にたい」「消えたい」「もう生きていたくない」――。そんなふうに思ったことはありますか？

学校での人間関係やいじめ、勉強、進路のこと、容姿や身体能力、家族関係のことなど、誰《だれ》にも言えない悩《なや》みを抱えていたり、あるいは、明確な理由はなくても、なんとなく不安で将来に希望を持てなかったりする人もいるかもしれません。

本書はそんなみなさんに向けて、作家や漫画家、医師や学者、YouTuberや俳優などさまざまな分野の方々に、それぞれの思いを記してもらったものです。

また、友達のこと、家族のこと、自分のこと――。「死にたい」「消えたい」原因となりうるそれぞれの悩みについても考えていただきました。

いますぐつらい気持ちを消し去ったり、困難な現実を動かしたりすることはできないかもしれませんが、誰かの経験や気持ち、それぞれの専門分野における知見を読むことで、ほんの少しでも心が楽になったり、何らかのヒントが見つかったらいいな、と思っています。

この本に書かれている「死にたい」「消えたい」という気持ちに対する考えや対処法は、どんな人にも効き目がある魔法の薬ではありません。また、執筆者《しっぴつしゃ》の考えとは正反対の考えをもっている方もいるかもしれません。

「共感できるかも」「自分に合っているかも」と思ったところだけを心に留めてみるというのもいいかもしれません。

本書が、みなさんの心が少しでも楽になる手助けとなったら幸いです。

「死にたい」「消えたい」と思ったことがあるあなたへ　もくじ

「死にたい」「消えたい」と思ったことがあるあなたへ

1

打ち明けられないあなたへ

主婦　こだま

「ひとりで悩《なや》まないで誰《だれ》かに相談しよう」まわりの人から散々そう言われてきたし、いじめや自殺防止のポスターにもたいてい書いてある。

そうなんだけど。その通りなんだけど。相談できないから苦しんで、絶望しているんじゃないか。どうしてそんな簡単に言うんだろう。私はずっと疑問に思っていました。「相談」は思春期の私にとって、とてつもなく高い壁《かべ》でした。人とうまく話せない、関われないことこそが私の最大の悩みだったからです。

誰かと話すときに顔が真っ赤になる赤面症《せきめんしょう》、目の横には生まれつき茶色い痣《あざ》、そして耳たぶの後ろには厚みのある大きなほくろがありました。小学生のころは私の痣やほくろを指さして「うんこが付いてる」と笑う男子もいました。人と目が合うだけで自分の顔を笑われているような気がして落ち着きません。いつしか喉《のど》の奥《おく》が詰《つ》まったように声が出なくなり、そこでもまたからかわれ、スムーズに言葉が出なくなってしまいました。「悩みを打ち明けよう、相談しよう」その言葉を聞くたびに、世界から取り残されたような気持ちになりました。それができない人はどうすればいいんだろう。

そんな私が中学生のころに続けていたのは日記を書くことでした。まだインターネットのない時代です。寝《ね》る前にノートを広げ、もうひとりの自分に話しかけるように一日のできごとを書きました。これなら顔が真っ赤になったり、言葉に詰まったりすることもありません。先生や同級生への文句、嬉《うれ》しかったこと、テストの点数。頭に浮《う》かんだことを書けばいい。なかなか筆が止まりませんでした。

当時、私は友人関係に悩んでいました。朝学校へ行くと机に落書きをされていたこともありました。動揺《どうよう》する私を見てまわりの人たちが笑っている。消しゴムを強くにぎって消すときの悔《くや》しさと恥《は》ずかしさ。心の拠《よ》り所になったのは「このこと今夜ノートに書いてやる」という気持ちでした。誰にも話せないけれど、ノートの中の自分にはすべて吐《は》き出せる。その世界だけは安全でした。

親にも先生にも同級生にも読ませない。私と私だけの場所。書いていると涙《なみだ》が込《こ》み上げてきます。その泣いている自分を励《はげ》ますのもまた自分でした。「がんばったね。負けなかったね。明日もガンガン無視していこうね」。ノートの中ではすらすらと言葉が出てきます。

机の落書きの一件を機に、勉強に打ち込むようになりました。「こんなくだらないことをする人たちを思いっきり軽蔑《けいべつ》して生きてやる」。高校を卒業したら、うんと遠い所へ行ってやろうと決めました。

中学校にひとり、口数の少ない男の美術の先生がいました。それまで私が出会ってきた先生は声が大きく、元気がよくて、クラスをぐいぐい引っ張っていくタイプの人ばかりでした。その先生は静かに話します。真面目な話をしていたはずが、最後ぼそぼそっと冗談《じょうだん》を言います。もっと聞きたいな、と思わせる不思議な魅力《みりょく》のある人でした。彼《かれ》は口数の少ない私を仲間のように思ったのか、休み時間や放課後に話しかけてくれました。

　あるとき先生に将来の夢を訊《き》かれた私は「小学校の教師になりたい」と思い切って打ち明けました。その夢を人に話したのは初めてでした。同級生とまともに会話が続かないような人間に教師なんてなれっこないよ。そう笑われてしまいそうで誰にも言えなかったのです。この先生なら冷やかしたり否定したりせずに聞いてくれるんじゃないか。初めて日記帳以外の場所で心の内を吐き出しました。

「私でもなれますか」

「大丈夫《だいじょうぶ》ですよ。明るければいいというわけじゃない。僕《ぼく》だってなれたんですから」

　先生のその言葉は三十年近く経ったいまでも忘れません。妙《みょう》に説得力のある答えでした。その一言に力をもらい、大学は教育学部に進みました。

　知り合いばかりの小さな町を離《はな》れ、新しい自分になろう。長いあいだ気にしていた目の横の茶色い痣をレーザーで焼きました。耳の後ろの大きなほくろは、たった数分の手術で切除してもらえました。赤面症は化粧《けしょう》をすることで気にならなくなり、いつの間にか自分が悩んでいたことすら忘れました。

教育実習では大勢の教師が参観する中、平然とした顔で教壇《きょうだん》に立っていました。私こんなこともできるようになったよ。そう日記の中の過去の自分に言ってあげたかった。

大学四年になり、教育実習先の先生から「うちの隣《となり》に住む中学三年生の家庭教師をしてもらえないか」と突然連絡《とつぜんれんらく》をもらいました。クラスの男子から集団でいじめを受け、フリースクールに籍《せき》を移したＫ君でした。

「あなたのようなタイプがきっとあの子に合うと思うんだ。勉強だけでなく、話し相手になってあげてほしい」

先生の言葉を信じ、家庭教師としてＫ君の受験勉強を一年間支えることに決めました。

彼は小柄《こがら》で痩《や》せ気味の男の子でした。口数は少ないけれど、こちらが話しかけると目や口元に笑みを浮かべます。もともと学校の成績は良かったようで、私の用意した問題集をじっくり解いていました。

私は勉強の合間に「こういうの得意？」とクロスワードパズルの雑誌を開きました。

「私はヨコのマスを埋《う》めるから、タテのマスはK君頼《たの》むよ」とタイマーをセット。「あと30秒だ！」とわいわい騒《さわ》ぎながら解きました。彼はそれをとても気に入ったようで、問題集そっちのけで、黙々《もくもく》とふたりで枠《わく》を埋めるだけの日もありました。

そうやって大半を遊び時間に費やす家庭教師を続けたある日、K君はいつもの少しはにかむような顔で「これ見て」と言いました。Tシャツをまくり上げると、背中いっぱいに青や紫色《むらさきいろ》の痣が広がっていました。

「これどうしたの？　友達にやられたの？」

K君は口元に笑みを浮かべたまま首を傾《かし》げるだけ。何も答えてくれません。

「先生やお母さんはこのこと知ってるの？」

彼は首を横に振りました。

「K君が言いにくいなら私がかわりに話そうか？」

すると彼は「誰にも言いたくない」と強い口調で拒絶《きょぜつ》し、それきり黙《だま》ってしまいました。

「こっそり教えてくれてありがとうね。きょうからめちゃくちゃ勉強をがんばっていこう。Ｋ君にこんなことをした人たちが絶対に入れない一番上の高校めざそうよ」

言葉を失い、うなだれていた彼が、そのとき力強く「うん」と言いました。その日ふたりでもっと難しい問題集を買いに行き、週二回だった訪問日を三回に増やしました。そして、まだ雪の残る3月半ば、一緒《いっしょ》に合格発表を見に行き、手を取り合って喜びました。

「言いたくない」「言えない」の理由は人によって違《ちが》う。だけど、何も言えない子供時代を過ごしたことで、少しだけＫ君の気持ちがわかりました。言いたくないことってある。無理して言わなくてもいい。言えない自分を責めることはない。

言えないなら他の方法で吐き出せばいい。何年か後の自分に向けて書き溜《た》めていくのもいい。それが思いも寄らない財産になるかもしれない（私はそうでした）。悔しさを燃料にして勉強や好きな分野に没頭《ぼっとう》するのもいい。会話が苦手なら、各機関の相談窓口にメールや手紙で打ち明ける方法もある。吐き出すだけで少し楽になれるかもしれない。

あなたに寄り添い、沈んだ気持ちを少しだけ軽くしてくれる相手は周囲にいる人だけではありません。送る相手がいないなら、この本の編集部宛に手紙を送ってください。
私でよければ読みます。

こだま Kodama

主婦。2017年1月、私小説『夫のちんぽが入らない』（扶桑社）でデビュー。デビュー作は、累計発行部数20万部を突破。2018年に刊行した『ここは、おしまいの地』（太田出版）で講談社エッセイ賞を受賞。ほか最新刊『いまだ、おしまいの地』（太田出版）がある。

2

死にたいあなたが楽になるために

漫画家　はるな檸《れ》檬《もん》

こんにちは。

今日はあなたに、私が普段《ふだん》思っていることをちょっと、お話ししてみたいと思っています。本当はいつだっていろんな人とこういう話をしたいって思ってるんだけど、だいたい顔をしかめられたり、困った顔して黙《だま》っちゃったりされるからね、いつも言わないでいるんだけど。あなたなら聞いてくれるかもしれないな、と思って。

死にたいと思ったことありますか。もしくは今、そう思ってる？

あなたが「うん」って答えたら、私は「わかりみ」って答えるわ。ニッコリ笑ったウサギかなんかのスタンプつけて、「わかりみ〜!」ってね、返すわ。

10代の頃《ころ》、私もすごく死にたかった。ぼんやりと、自分はこの世にいてもいなくても同じじゃない?って思ってて、なんだかいつも苦しくて、死んだら楽になるのかな、少なくとも今よりはマシになる気がする、と思ってました。その気持ちがピークに達したのが21歳《さい》の時かな、大学生で寮《りょう》に住んでたんだけど、もうマジ無理死のう、と思って、とりあえず手首にカッター当ててみたらさ、めちゃくちゃ涙《なみだ》が出てきて。全然死ねなかったんだけどね。その後も、それでもずーっと苦しいから、自分の部屋の天井の梁《はり》みたいなとこに釘《くぎ》を打って、ロープかけたの。この、水のようにひたひたと溜《た》まっていく苦しみがいつかコップから溢《あふ》れた時に、あそこに首入れたら死ねる、と思って。まあ今思うと、釘一本じゃ当時の私の体重50キロくらいは支えられないから絶対失敗するんだけど(笑)、それでも、そのロープがあることで心が落ち着いて、なんだか安心するような気持ちになったのは確かでした。

私は美術系の大学に通ってたんだけど、そういう状態の子は他にも何人もいたと思う。実際死んじゃった子もいました。きっとその子と私の間に大した差はなくて、ほんの少しのきっかけで死んだり、なんとなく生きていったりするんだと思う。

そんで、なんとなく生きていった方の私はその後、25歳くらいで吹《ふ》っ切《き》れて、自分のしょうもなさとか情けなさ、卑怯《ひきょう》さなんかを受け入れて、諦《あきら》めて、そこからはだいぶ楽になりました。27歳で漫画《まんが》家《か》になって、結婚《けっこん》して、今子どもが2人います。


でね、私は自分はこうしたら楽になったよ！とか、生きててよかったよ！みたいなことを言うつもりはないんです。そういうことは正直あんまり言えない。

今の私は死にたいと思ってないし、朝起きると子どもが可愛くて可愛くて、下の子はまだ赤ちゃんなんだけどさ、そりゃーもう可愛いの！　毎日ほっぺた吸って「可愛いねえ、可愛いねえ」ってヨダレ垂らしながら言ってる。こんな可愛い子が2人も家にいる、夫のこともめっちゃ好きで毎日超《ちょう》楽しい。好きな音楽聴《き》いてるととろけるような幸せな気持ちになるし、宝塚《たからづか》歌劇も大好き。

んで、そういう幸せを感じる穏《おだ》やかな日々の中で、その幸せと特に矛盾《むじゅん》することなく、「生きるってろくでもないな」とも思ってるんです。生きるって良いよねとかマジでまったく、思ってない。そもそも私たちは常に死に向かっていて、いつか必ず死なないといけない。寿命《じゅみょう》まで生きられる保証なんてないし、明日地震《じしん》が来て一瞬《いっしゅん》で死ぬかもしれないし、突然《とつぜん》病気で余命1年になる可能性も、交通事故で死んじゃう可能性だってある。運良く一命を取り留めても昏睡《こんすい》状態になったり、目が見えなくなったり足がなくなってたりするかもしれない。そういう恐怖《きょうふ》と常に戦いながら、それでも生きたいと思って生きることも、結構苦しいよな、と思うんです。

　それに、生きるためには他の命を殺して食べ続けないといけないし、常にゴミを出して環境《かんきょう》を破壊《はかい》しているし、何も壊《こわ》さず殺さず生きるのって不可能に近いよね。それに私たちはいつも欲望に振《ふ》り回《まわ》されていて、その欲望が他人と嚙《か》み合《あ》わなくてしょっ中喧嘩《けんか》してる。みんな当たり前に自分が一番可愛いから、当然喧嘩になりますよ。だからどうしたって、生きることそのものが苦しみなんです。そりゃ死にたいよね、わかりみ〜！ですよ。

　で、ここからが本題なんですけど。思ってることを正直に言うね。何言ってんだこいつ!?って引かないでよ。

生きるのもしんどいし、ろくでもないと。じゃあ死んだら果たして楽になるのか、ってことなんですよ。

死んでさ、その先が完全な、まっさらな「無」だったらそりゃ生きてるよりはマシかもしんないよね。でもね、私死んだことないから確証もなんもないしただのカンなんだけどさ、死んだからって「無」ってことはないんじゃないかって思ってんの。よく輪廻《りんね》転生《てんせい》とか言うけど、それっぽいことはあるんじゃないかと睨《にら》んでて。とか言っても私霊《れい》感《かん》ゼロだし、知らないのよ、何も。マジでカンで言ってるよ。

心ってね、なかなかのパワーだと思うんですよ。ものすごい勢いでコロコロ変わっていくこの力強い心というものが、肉体が死を迎《むか》えたからといって突然消えたりしますか？って思うの。心は心で、肉体を離《はな》れても何かしら残ってくんじゃないか、と考えた方が私にとっては自然に思えるんです。

じゃあその心はどこへいくんだ、そこらへんを浮遊《ふゆう》してて新しい命にまたヒュッと入るのか、とかそのへんのシステムはマジでまったくわからないです。死んだことないんで。

でもね万が一、輪廻転生があったとして。死んだからって全然楽にならないじゃん、むしろ苦しみは続いていくんじゃないか、と。死は少しも救いにならないんじゃないか、と思うの。死ぬ時って絶対苦しいじゃん。でその苦しみの余韻《よいん》は引きずったまま霊なり新しい命なりになったとて、苦しいでしょ、きっと。苦しみから逃《のが》れられない可能性の方が大きいんじゃないの、と思う。

……じゃあどうするかって話ですよね。生きるのは嫌《いや》だけど、死が逃《に》げ場《ば》にもならないのだとしたら。

私、すっごい尊敬しててマジカッコいい大好きイカす〜！って思ってる人がいるんですよ。ブッダっていうんですけど。超昔に死んじゃってるんだけど。その人が「過去にも未来にも心を飛ばさず、今この瞬間に心を留め置くことで誰《だれ》でも瞬時に幸せになれる」って言っててね。困ったらいつもその言葉を思い出すの。苦しい時ってさ、大体過去のことか未来のことを考えてるでしょ。それをね、「今この瞬間」のことだけ考える、に変えるの。今、息してるよね。これ読んでるから、座ってるかな。寝転《ねころ》がってるかもしれないね。そのくらいでしょ、今の自分って。あ、もしかしたら隣《となり》の部屋から怒鳴《どな》り声《ごえ》とか聞こえてる？　そしたらそれをね、「音」とだけ認識するの。空気が震《ふる》えて、鼓《こ》膜《まく》が反応して、音と認識した。以上。それ以上の意味を脳内で生成するのをやめるの。そうするとね、今の自分って、ただ息してんだよね。それをひたすら実況中継《じっきょうちゅうけい》するの。「息を吸いました、吐《は》きました」って。他のことを考えそうになったら、「雑念、雑念」と思って追い出す。それをひたすら繰《く》り返《かえ》す。超難しいよ。めっちゃ雑念入ってくるから。雑念入ってくるのに気がつくのすら難しい。でも頑張《がんば》って、全部いちいち追い出して、今のこの瞬間の呼吸にだけ集中してたらね、必ず落ち着いてくる。すっごい単純だけど難しくて、だけど誰にでも必ず出来ること。こんなやり方で苦しみから逃れる方法を教えてくれたブッダってほんと最高なんだけど〜！って思いながらこれ書いてます。

　死にたいのって多分、生きるのが苦しいからで、でも死んだところで苦しいよ多分、と思う、私は。だから私が知ってる方法で一番手っ取り早くて実用的な、苦しみからの逃れ方をね、あなたに言いたかったの。かつての自分みたいなあなたに、出来れば今この瞬間から、楽になって欲しいんだよね。気が向いたらやってみてね。

あ、エアーで背中さすっとくね。大丈夫《だいじょうぶ》、大丈夫。

はるな檸檬

Haruna Lemon

１９８３年宮崎生まれ。漫画家。漫画アシスタントやＯＬを経て、２０１０年、宝塚歌劇ヲタクを題材にしたＷＥＢ連載『ZUCCA×ZUCA』（講談社モーニングコミックス）で漫画家デビュー。主な著書に、自伝エッセイ漫画『れもん、よむもん！』（新潮文庫）『れもん、うむもん！　そして、ママになる』（新潮社）、夫婦の宝塚ライフを描く『タクマとハナコ』（文藝春秋）、生きづらさの中で自分だけの幸せを見つける女性の物語『ダルちゃん』（小学館）などがある。

3

自分の身体《からだ》は、誰《だれ》のもの？

文化人類学者　磯《いそ》野《の》真《ま》穂《ほ》

この原稿《げんこう》を書きながら少し疑っていることがあります。いったい誰《だれ》がこの本を開くんだろう。死にたい、消えたいと思っている人が、わざわざ図書館に行って「死にたい、消えたい」と思っている人に向けられた本を読むことなんてあるんだろうか。正直そう思っています。

でももしかしたら、10代の君がたまたまこの本を開き、たまたま私の文章に出会うかもしれないから。そんな未来に向かってこの文章を書いています。

「死にたいほど辛い」んじゃなく、「死にたい」んじゃないだろうか

私には一つ苦手な言葉があります。「死にたい」という人に向かって、よく専門家や勉強をしたオトナが使う「死にたいほど辛《つら》いんですね」というコトバ。そこには、「死にたい」という気持ちを「辛い」という気持ちに変換《へんかん》し、その「辛さ」を解消すれば「死にたい」気持ちはなくなるに違《ちが》いない、という仮説があります。

ですが、私はどうにもこうにもこの仮説にごまかしを感じます。もちろん死にたい気持ちの裏には生きることの辛さがあって、その辛さをときほぐせば「死にたい」気持ちも消えるはずというのは論理としてわかりますし、実際にそういうこともあるのでしょう。

でもそれって「死にたいほど辛いんですね」って理解した風を装っている側が、「死にたい」気持ちから目を背けているようにも見えるんです。「死にたい」と言われると重すぎる。だから扱《あつか》いやすい「辛い」に言葉を変えてしまおう。そんな欺瞞《ぎまん》です。

いや、「死にたいほど辛いんですね」という側は、死にたいなんて思ったことないのかもしれません。でも世の中そんなハッピーな人生を送っている人ばかりじゃないよ、と私は言いたい。

「死にたい」「消えたい」という気持ちは「死にたいほど辛いことがある」ではない。それは文字通り「死にたい」「消えたい」なんじゃないでしょうか。

自殺はダメなことなんだろうか

自殺はダメなことなのでしょうか。結論からいうと私はよくわかりません。君に向かって死なないで欲しいとは言えるけど、自殺はよくないことだとは言えません。

私の専門は文化人類学です。文化人類学は世界の多様性を明らかにし、そこから人間とは何かを考える学問です。その意味で私は皆《みな》さんより世界の多様性には明るいと思うのですが、そんな私が思うのは、今の社会で「いい・悪い」とははっきり決められているあれこれは相当に不確かであるということです。

例えば、モーリス・レーナルトという宣教師が書いた『ド・カモ』[*1]という本がありま

＊1 『ド・カモ：メラネシア世界の人格と神話』｜モーリス・レーナルト著、坂井信三訳（せりか書房）。

す。これはポリネシアに住むカナク人と呼ばれる人々についての本ですが、ここにはカナク人の女性があっさりと自殺をするという衝撃《しょうげき》の事実が描《えが》かれています。自殺の理由は不《ふ》倫《りん》をした夫への仕返しとかそんなものです。おそらく私たちの社会でこんな理由で自殺を図り、失敗でもした日には間《ま》違《ちが》いなく病院送りでしょう。でもカナク人の世界ではそうはならない。

なぜか。その理由の一つは、かれらにとって死が終わりではないからです。かれらには魂《たましい》があって、生物的な肉体が滅《ほろ》びても生きているし、また違う体で生まれ変わることもできる。だからおそらく私たちの世界ほど生物的に生きていることに執着《しゅうちゃく》がないのです（かれらの世界はもっと複雑なのですがここでは簡単にしています。もし興味があったら読んでみてください。とはいえ、中高の図書館にはない可能性が高いのでもっと大きな図書館で）。

私たちの社会では自殺はあってはならないことになっています。でもそれは時代、場所を問わず普《ふ》遍《へん》的に共有された「きまり」ではありません。君たちが「死にたい」「消えたい」という気持ちを持ったとき、それを躍起《やっき》になって消そうとする大人たちがたくさんいるのは、「なぜ死んではダメなのか」という問いに絶対的な答えを提示できないからなのだろうと私は思います。

「消えたい」と思ってもそれを実行に移さない理由

私はおりにふれて「消えたい」と思うタイプの人間です（不思議と「死にたい」とは思いません。どうしてかな）。

だって生きるって結構大変じゃないですか。ニンゲンと付き合うのは大変だし、生きていたら重い病気になって長いこと苦しむかもしれない。生きていれば楽しいこともあるけれど、楽しいことがあるからといって辛いことがなくなるわけではない。こうやって書いているだけでため息が出て来ちゃう。ふう。

とはいえ、自殺をしようとも思いません。まずもってそれは、そんな勇気がないからですが、それ以外に二つ理由があります。

一つ目は、自殺は他殺でもある、と私が考えているからです。私たちの命は、あなたのことを思う他の誰かの命とつながっています。死にたい、消えたいと思っている君たちは、「自分のことを思っている人なんて誰もいない」と確信を持っているかもしれません。でも、そこだけは否定します。そんなことはありえない。なぜなら人間は常に誰かと関わりを持ちながら生きる動物であり、その過程で多くの人と命を分け合っているからです。君が望まなかったとしても、君の命はすでに多くの命とつながってしまっている。

もし君がなんらかの不慮《ふりょ》の事故で死んだら、君のことを思う人の命の一部も一緒《いっしょ》に死ぬことになります。君が突然《とつぜん》自殺をしたら、君のことを思う人の命の一部を君は殺します。

だからね、私は自分に他殺をする権利はないと思うんです。生きるってただでさえしんどいのに、自分の一部が誰かの自殺によって殺されたらますます辛いじゃないですか。自分のことを思ってくれる人にそんな辛い思いはさせたくない。

もう一つの理由。それは、自分の身体が自分のものか怪《あや》しいと私が考えているからです。例えば心臓。私は循環器疾患《じゅんかんきしっかん》を扱うクリニックで調査をしていたことがあるのですが、そこで心臓のすごさを知りました。君の心臓はひとときも休むことなく、君の意思とは無関係に動きます。君が自分の体に無理をかければ一生懸命《いっしょうけんめい》動きを速くして血液を循環させようとするし、寝《ね》ているときにはその動きを緩《ゆる》めます。

すごいのはそれだけじゃない。心臓には簡単に止まることがないよう電気信号を出せる場所が三つあります。例えば通常その機能を担っている洞結節《どうけっせつ》という場所がうまく働かなくなると、心房《しんぼう》と心室の接合部が不完全ながらもその役割を担い、そこもダメになった場合は、もっと不完全ながらも心室がその役割を担います。私たちは技術の発達した社会に住んでいるけれど、１００年近くもこんな仕事をし続けるこんな優れた機械はどこにもありません。そんなすごいものをひとつ携《たずさ》えて私たちは生まれてしまっている。

これは心臓に限りません。私たちの身体は一瞬《いっしゅん》たりとも休むことなく、いろいろな動きをして私たちの生活を支えています。しかも身体のすごいところは、私たちが身体に対してどんな負荷をかけても、嫌《いや》だとか、ちょっと休みますとか、言わないことです。ただただその状況《じょうきょう》を黙《だま》って乗り越《こ》えようとする。そう考えると自分の体は自分の持ち物ではないような気がするのです。だって自分の意思とは関係なく動いているのに、そこに自分を見出すのはおかしいでしょ。

だから思うのです。自分のものではないものを、しかも自分でないのに自分を支えてくれているものをそう易々《やすやす》と傷つけてはならないと。

最後に

「死にたい」「消えたい」と思っている10代の若者に向けて文章を書いて欲しいと言われたので、できる限り正直な気持ちを書きました。おそらくこの本の意図は、10代の若者が抱《かか》える「死にたい」「消えたい」という気持ちを少しラクにすることだと思います。でも、私自身がしばしば「消えたい」と思うんですから、ラクにすることなんてできるはずもありません。私に言えるのは、「わかる。そう思うよね」くらいです。

ごめんね。大したことが言えなくて。

磯野真穂

Isono Maho

文化人類学者。１９９９年、早稲田大学人間科学部スポーツ科学科卒業。オレゴン州立大学応用人類学修士課程修了後、早稲田大学文学研究科博士後期課程修了。博士（文学）。主な著書に『なぜふつうに食べられないのか　拒食と過食の文化人類学』（春秋社）『医療者が語る答えなき世界　「いのちの守り人」の人類学』（ちくま新書）、『ダイエット幻想　やせること、愛されること』（ちくまプリマー新書）、宮野真生子との共著に『急に具合が悪くなる』（晶文社）などがある。

4

まともだからこそ「死にたい」と思う

作家　末《すえ》井《い》昭《あきら》

　残念ながら、僕《ぼく》はこれまで死にたいと思ったことがありません。誰《だれ》でも、特に若いときは、死にたいと思うことが一度や二度はあるはずです。それが僕にはないのです。なんだか自分が欠陥《けっかん》人間のように思って、それがコンプレックスになっていました。

　悩《なや》みがなかったわけではないのですが、その悩みを突《つ》き詰《つ》めて、死にたいというところまで持っていけない自分は、鈍感《どんかん》でいい加減な奴《やつ》ではないかと思っていました。鈍感な人やいい加減な人が嫌《きら》いですから。

つまり、自分が嫌いっていうことですね。死にたいと思えないから死にたい、みたいな。そのコンプレックスはいまだに持っています。

僕には死に対する漠然《ばくぜん》とした恐怖心《きょうふしん》がありました。そのことも死にたいと思うことのストッパーになっていたかもしれません。

僕は昭和23年に岡山県の山奥《やまおく》の村で生まれました。5歳《さい》のとき祖母が死んで、初めて人が死ぬということを知りました。

僕が小さいころ、母親が結核《けっかく》で町の病院に入院していたので、僕はいつも祖母におぶわれていました。その祖母が何かの病気で寝《ね》たきりになりました。祖母の部屋に行くと嫌《いや》な臭《にお》いがするので、お婆《ばあ》ちゃんはだんだん腐《くさ》っていくんだと思っていました。

そして祖母は死にました。村の人たちが集まり祖母を棺《ひつぎ》に入れていました。そのときも嫌な臭いがしていました。それまで人が死ぬということを知らなかったので、お婆ちゃんはあの箱の中で腐っていくのだろうと思っていました。

葬式《そうしき》のあと村の人や父親は、棺を担いで山の中腹にある墓地に行きました。墓地には長方形の大きな穴が掘《ほ》られていて、みんながその穴を取り囲み、お坊《ぼう》さんや村人の読経《どきょう》で、棺をゆっくりその穴に下ろしました。そしてみんなで土をかけます。そのとき、何か恐《おそ》ろしいことをしているような気持ちになりました。お婆ちゃんを土に埋《う》めていいのかと思って、僕は泣いていたかもしれません。

その2年後、母親が退院してきました。病気が治ったからではなく、治らないところまで進行してしまったから、病院を出されたのです。死を宣告されたようなものなので、母親はやけっぱちになっていたかもしれません。付き合っていた隣家《りんか》の男の人と、山の中でダイナマイト心中してしまいました。

そのころは、人が死ぬということはわかっていたのですが、死んで無になるのではなく、ときには幽霊《ゆうれい》になって出てくると思っていました。四十九日の間、母親の墓に明かりを灯しに行かなければならないのですが、幽霊が出るのではないかと思うと、怖《こわ》くて怖くて。明かりを灯したら一目散に逃《に》げ帰っていました。

死んだ人が迎《むか》えにくるとか、自殺した人は成仏できないとか、村の人の話は、死ぬことの忌《い》まわしさや恐怖心を僕に刷《す》り込《こ》みました。自殺という言葉を聞くだけでビクビクしていた時期もあったのです。

今はそういう死の生々しさや迷信は世の中からなくなりました。葬儀《そうぎ》屋さんがグロテスクな死でも美しい死に変えてくれます。病院で死ぬことが多くなったことも、死の全《ぜん》貌《ぼう》を見えなくしてしまい、死ということが抽象化《ちゅうしょうか》されました。だからこそ死に憧《あこが》れる人も出てくるのかもしれません。

死に憧れるというと、真っ青な空を見上げているときなどに、「ああ、死にたい」って最近思うようになりました。それは年を取ったということだけでなく、僕の中で死の生々しさが消えて、死が抽象化されてきたからかもしれません。

もちろん、僕が死にたいと思うことと、若い人がツイッターなどで「死にたい」「消えたい」と書いていることとは違《ちが》うことです。

僕が死にたいと思うときは、心がゆったりしていて、煩《わずら》わしいことなんかはどうでもよくなり、そのまま魂《たましい》がスーッと抜《ぬ》けて、空を上昇《じょうしょう》していくというような想像です。死のことを想像しているのに、なぜか爽《さわ》やかな気持ちになります。

若い人たちの「死にたい」は現実的です。ツイッターで「死にたい」「消えたい」を検索《けんさく》すると、希望がない、先が見えない、親と仲が悪い、いじめられる、学校に行きたくない、仕事をしたくない、自分が嫌い……などなど、現実の悩みや苦しみが、パンドラの箱を開けたように出てきます。「理由がわからないけど死にたい」「なんとなく死にたい」と言う人もいます。生き辛《づら》いんだろうと思います。

若い人の鋭敏《えいびん》な感性は、世の中の嘘《うそ》や矛盾《むじゅん》や差別や不公平や不《ふ》寛容《かんよう》を、すぐさまキャッチします。死にたいとみんなが思うのは、世の中が狂《くる》っているからです。

だから、死にたいと思うことは当然で、そう思うことがいけないことではありません。死にたいと思う人の方がまともではないかと、僕は思います。

「死にたい」という言葉には、いろんな意味が込《こ》められています。疲《つか》れた、楽になりたい、助けてほしい、生きたい……。「死にたい」には、より良く生きたいという気持ちがあるのではないでしょうか。その気持ちがある限り希望はあるのです。

　本当に死ぬかもしれないほど絶望ＭＡＸの状態になったとしたら、希望があるとか言っていられません。好きなゲームをするとか、好きなものを食べるとか、好きな本を読むとか、好きな音楽を聴《き》くとか、親しい人に話すとか、そうすることによって、頭をちょっと切《き》り替《か》えてください。

それでも死にたい気持ちが変わらないのなら、パソコンのデータを消すことでも、部屋の整理をすることでも、なんでもいいですからやることを見つけて、死ぬのは明日にしましょう。明日になったら、また一日延ばす方法を考えましょう。とにかく死ぬことを先延ばししていって、死にたいモードから逃《のが》れることです。

自分でどうしようもないくらい死にたくなったら、誰かに助けを求めてください。

僕は『自殺』という本を書いていることもあって、死にたいという人からメールや手紙があれば、たいてい会うことにしています。希死念慮《きしねんりょ》になっている人もいましたが、いまは元気に暮らしています。知らない人と会って少し話をするだけで、死にたい気持ちが消えることがあるのです。

危機一髪《ききいっぱつ》を乗《の》り越《こ》えれば、あのとき死ななくてよかったと思える日が必ずきます。

死の淵《ふち》まで行った人は、人の苦しみがわかる人です。そういう人こそ、今のような不寛容な社会にはぜひとも必要な人です。

あなたを必要とする人はたくさんいます。どうか、死なないでください。

末井昭

Suei Akira

１９４８年岡山生まれ。１９７５年にセルフ出版社（のちの白夜書房）設立に参加。「写真時代」「パチンコ必勝ガイド」など話題の雑誌を次々と創刊する。２０１２年に白夜書房を退社。現在はフリーで執筆活動などを行なう。著書に、『素敵なダイナマイトスキャンダル』（ちくま文庫）、『自殺』（朝日出版社・第30回講談社エッセイ賞受賞）、『結婚』（平凡社）、『末井昭のダイナマイト人生相談』（亜紀書房）、『生きる』（太田出版）、『自殺会議』（朝日出版社）などがある。２０１８年、『素敵なダイナマイトスキャンダル』が映画化される（監督・冨永昌敬）。

5

逃《に》げ道、つくります？——オーダーメイドの逃げ方を考える

ソーシャルワーカー　今《いま》井《い》出《いず》雲《も》

私は大学を卒業したばかりの新米「ソーシャルワーカー」です。「ソーシャルワーカー」は耳慣れない言葉かもしれませんが、この本の読者にとって身近なところで言えば、「スクールカウンセラー」に近いかもしれません。授業に出るのがつらいとき、カウンセラー室や保健室で過ごしている人もいると思います。私のやっている仕事は、学校の中で言えば、カウンセラー室や保健室の役割に似ています。こういう分野の仕事を、まとめて「福祉《ふくし》」と呼ぶこともあります。

ただ、そういう仕事をしている大人に対し、役に立たない助言ばかりで何もしてくれ

ない、と思っている人も多いのではないでしょうか。それはもっともなことだと思います。自分の話を少しだけすると、私は学生だった最近まで自分の性別のことで悩《なや》み、学校へ行けず、ぐったり一日中ベッドに横たわって過ごして「死にたい」と考え続けていました。人に相談しても逆に傷ついたりして、「誰《だれ》もわかってくれない。自分はあまりにもくだらない人間だから、死んだほうがいい」と思っていました。実は、今でも「死にたい」の波に襲《おそ》われることは続いています。その気持ちを抱《かか》えつつも、その延長線上に立ち、福祉の仕事をしていきたいと思っています。

私たちは、なかなか心穏やかに眠れない

私の職場は、東京に近い千葉県の都市部にあります。「いつでも、誰からの相談でも、どんな相談でも、断らない」を掲《かか》げた総合相談センターです。相談に来る人は老若男女さまざまで、ありとあらゆる相談が持ち込《こ》まれます。配偶《はいぐう》者や親からの暴力があり、家を飛び出して逃げてきた人。学校に通いたいのに通えず、うつ病が悪化して入退院を繰り返している中学生。車上で生活を続け、全国を転々としながら、日雇《ひやと》いの仕事をして

いる人。外に出ることが怖《こわ》く、家にひきこもっての生活を長年続けている人。仕事が長続きせず、盗《ぬす》みを繰り返して刑務《けいむ》所《しょ》での生活を余《よ》儀《ぎ》なくされている人。

生活とは、平凡《へいぼん》な私たちが通り抜《ぬ》けていく、あまりにも平凡で小さな選択《せんたく》の繰り返しのはずなのに、様々なことが起こり、私たちはなかなか心穏《おだ》やかに眠《ねむ》ることができません。相談の仕事は、そんな人生の一時期、その人の生活に立ち合わせてもらう仕事です。私たちは、話を聞くだけではなく、必要なことを考えながら一緒《いっしょ》にします。役所や病院に同行したり、買い物や掃除《そうじ》を手伝ったりします。ときには勉強をしたりご飯を食べたり、家賃の支《し》払《はら》いが遅《おく》れている人がいたときは、大家さんに一緒に家賃の支払いを待ってもらえるよう、頭を下げてお願いに行ったこともあります。相談室での会話や訴《うった》えも大事に聴《き》き取りつつ、最終的にはその人の人間関係が広がり、本人の生きる力を引き出していくことを目指しています。と言っても、わかりにくいですよね。もっと具体的な相談例を出しましょう。

2020年現在、新型コロナウイルス感染拡大の影響《えいきょう》で、世界の経済は悪化の一途《いっと》をたどり、人びとの生活も大きく崩《くず》れています。私の勤める法人では、「生活困窮《こんきゅう》者」のための相談窓口も運営しているのですが、コロナで収入が減り、困った人が押し寄せたためその窓口がパンク寸前となり、一時期は私もその窓口に駆《か》り出されている状況《じょうきょう》でした。

　そんなある日、30代の男性からメールがありました。「今ネットカフェに滞在《たいざい》しているが、営業自粛《じしゅく》で休業するらしくもうここにはいられない。手持ちのお金もほとんどない。助けてほしい」。交通費もない状態の彼《かれ》を車で急いで迎えに行き、話を聞きました。彼はか細い声でこれまでのことを説明してくれました。

　東北出身の彼は、中学を卒業後上京し、アスリートとして活躍《かつやく》していましたが、東日本大震災《しんさい》で被害《ひがい》を受けた実家を助けるため、選手を引退し東北に戻《もど》りました。その後、再び上京して派遣《はけん》の仕事をしながら実家再建のために借りたお金を返済していたけれど、コロナの影響で会社が閉鎖《へいさ》、給与《きゅうよ》も未払《みばら》いになって、会社寮《りょう》を出された。ネットカフェでしばらく過ごしていたが、お金も底を尽《つ》きそうだし、ネットカフェやカラオケなども次々と営業自粛を決めていて、居場所にも困り、相談に至ったということでした。

　窓口に来てもらったはいいものの、私たちは困り果てていました。家をなくした人が一時的に過ごすためのシェルターは満杯《まんぱい》だったり、利用条件に当てはまらず利用不可だったりで、市内のホテルやネットカフェは自粛休業。営業しているところを県内で見つけても、そこまでの交通費を出さなければいけないため難しい。頭をひねってあれはどうかこれはどうか、彼に提案しながら考え、いろんなところに電話をして問い合わせました。しかし実質的に行けるところはありませんでした。最終的に苦肉の策で、うちの事務所の掃除をしてもらい、バイト代を渡《わた》して、県内で営業を続けるネットカフェで一日過ごしてもらいました。その間にもともとつながりのあった地域の会社に連絡《れんらく》を取り、雇《やと》ってもらえないかとお願いしたところ、「大変な状況なんでしょ。すぐ見学に来て」と快く引き受けてもらい、一緒に見学へ行ったその日のうちに会社の寮に入ることができました。

　このように、彼の衣食住はいったん保障されましたが、その後も私たちは彼と関わりを続けています。これまでの生活で精神的に追いつめられていた彼は気分の波が激しくなっていたため、心療《しんりょう》内科の受診《じゅしん》を勧《すす》め同行しました。また彼は多額の借金を抱《かか》えていたので、弁護士に借金をなくす手続きを依頼《いらい》して、その準備に今は一緒に取り組んでいます。そのように日常に関わるなかで、彼はぽつりぽつりと思っていることを話してくれるようになりました。

「相談のメールを送ったとき、こんなどん底の生活で、生きることに疲《つか》れ切ってもう死にたいと思っていた。今だってなんとか暮らしてはいるけれど、死にたいという気持ちのループにはまってしまうことも多い。借金もまだ解消していないし、不安ばかりだ。でも仕事はしばらく続けようと思えるようになったし、アパートを借りて一人暮らししたいので貯金を始めた」

　少しだけ彼の表情も明るくなり、声にも力がこもるようになってきた気がしています。望む暮らしをするために、地味ですがひとつずつ手続きをこなしていくことで、彼本来のパワーを取り戻してきているのかもしれません。彼にそう伝えたら、「実は、少しだけ自分を信じられるようになった感じがする。生きていてもいいかも」と答えてくれました。

ソーシャルワーカーができること

今の日本には、様々な困りごとに対処するための制度があります。お金がなければ、生活保護を受けて生活費や医療《いりよう》費をもらいながら、生活を続けられる。暴力を受けているのであれば、安全な場所に避《ひ》難《なん》して生活を立て直すこともできる。それらを利用して生きていくことは、まったく恥《は》じる必要のない、私たちの権利です。

しかし、先ほどの彼がシェルターに入れなかったように、制度とはいつも不十分で、それだけでは人の暮らしが根本的に救われることはないのだと、無力さにため息をついてしまうこともあります。家がないと相談に来た人に、「ごめん、とりあえず一日ネットカフェで過ごしてくれ」「屋根のある場所はこの会社しか見つからなかった」と言わざるを得ない、その選択肢《せんたくし》のなさにも申し訳なくなります。制度からはみ出ない生活なんて存在しない、人の暮らしはあまりにも多様で、そして私たちはどこまでも孤《こ》独《どく》だと改めて感じます。

生きることなんて、本来は全部ひまつぶしなので、のうのうと生きていていいはずです。しかし、私たちは子どもの頃は学校へ行き大人になったら働くものだと思い込まされています。でもそのレールから外れたら外れたで、暮らしていく別の方法はあります。私は働きたくなくなったら、すぐに仕事をやめて休もうと思っています。収入がなくなってしまったら、生活保護を受けるつもりです。学校なんか行きたい時に行けばいいのです。私たちはいったい、何に駆《か》り立てられているのでしょうか。でも逃《に》げ出すこともなかなか大変で、なんとか強引に逃げる方法をひねり出さなければ許してくれない現実があります。本当に、社会というのはその構造自体が、まさにいじめ以外の何物でもありません。

　正直に言います。死にたいと思っている人に対して、私は話を聞くことくらいしかできません。なぜなら、その人はすでにありとあらゆることを考え、万策尽《ばんさくつ》きた状態で来ているのですから、簡単に解決できるわけがないのです。逃げられるならとっくに逃げてるし、相談なんかしないですよね。怒《おこ》られるかもしれませんが、私自身も、「助けたい」という思いで仕事していません。助けられるなんて思わないからです。でも、抽象《ちゅうしょう》的な不安、消えたい気持ちや死にたい気持ちを、具体的な不安に落とし込み、オーダーメイドの逃げ方を考えていけば、なんとかならないわけじゃない、とも思っています。例えば、今の学校に行きたくないのであれば、他にどんなやり方があるのか。行きたくない気持ちをわかってもらうためには、どういう風に、誰と話をしたら効果的か。とりあえず避難できる学校以外の居場所はないか。勉強以外で取り組める興味のあることは？　そういうことを一人で考えるなんてこれ以上できるわけないのだから、人に相談して考える頭数を増やす。そうすると選択肢が増えたりする、ソーシャルワーカーはそういう役割をします。疲れ切っているから実際すぐには行動できないと思いますが、ましな選択肢が他にあると思っただけでふっと肩《かた》の力が抜《ぬ》けたりすることもあります。具体の作業に落とし込むことでいつの間にか、他人や社会を信じられるようになり、自分を取り戻していく、その人のパワーに驚かされることもよくあります。先ほどの彼がその一例です。

いちばん怖いのは、永遠にここで生きていなければいけないのではないかと思うことです。だから死にたくなります。そこから逃げるための迂回路《うかいろ》を考える、脳みその数を増やしてみませんか。あまりにもユニークででこぼこしていて、根本的に解決できないのが人の暮らしですが、泥臭《どろくさ》くせこく地味に、しかし、ともに逃げ道を探していくこと、それしか希望はないのかもしれません。それは簡単なことではありません。でも、一緒に考えたいのです。

*本文中であげた相談例については、個人のプライバシーを守るため、すべて実際の相談をもとにしながら、架空の事例に改変しています。

今井出雲 Imai Izumo

1995年東京生まれ。東京大学文学部卒業。中学のころから自身の性に疑問をおぼえ、現在は揺らぎを抱えつつもトランスジェンダー、ノンバイナリージェンダーとして歩む。大学在学中に「障害者のリアルに迫る」ゼミの運営にかかわったことをきっかけに福祉の世界に興味を持ち、在学中より千葉県の社会福祉法人一路会に就職。現在はソーシャルワーカーとして相談支援に携わっている。著書に『わたしの身体はままならない〈障害者のリアルに迫るゼミ〉特別講義』（共著、河出書房新社刊）がある。

6

「死にたい」気持ちを研究する

ソーシャルワーカー　向谷地《むかいやち》生良《いくよし》

私が親として子育てをしながら、わが子に言い聞かせてきたことがある。それは「もし、今の時代を子どもとして生きなければならないとしたら、生きていく自信はない」ということだ。小説家の伊藤整《いとうせい》が『青春』という小説のなかで、「最も生きるにむずかしい季節」と著した「青春の入口」ともいえる14歳《さい》を、今の時代に生《い》き抜《ぬ》く自信は私にはない。それだけ、今という時代は、誰《だれ》にとっても不確かさに満ちた生きにくい時代なのである。

小学生の頃《ころ》、いつも考えていたことがある。それは「人を好きになることと、お菓子《かし》を好きになることは何が違《ちが》うのか」、そして「人は、どうして争うのだろう」ということだった。どういうわけか小学生になると、いつも同級生と喧嘩《けんか》になり、顔面はいつも引っかき傷でいっぱいだった。そして、周りの大人はいつも何かを争っていた。新聞は、激しさを増す学生運動*1を報じ、世界に目を転ずるとベトナム戦争*2が泥沼《どろぬま》化していた。その意味でも、大人になること自体にかすかな戸惑《とまど》いと疑いを持っていた。それでも、生きられたのは、社会全体を覆《おお》う目に見える貧しさのおかげだった。私が生まれた1955年は、日本の高度成長時代の幕開けであった。青森の片田舎に生まれ育った私が物心ついた頃は、まだ、家には車も電話も、テレビもなかった。しかし、高度成長の波は、年ごとに私たちの周りを物で溢《あふ》れさせ、尽《つ》きることのない豊かさに向かって社会が成長しているかのような思いで満たしてくれた。一方、小学生になると誰もが自分専用のアイテムとして小さな折りたたみナイフを持ち歩き、オンコの木からコマを作り、竹を細工して「竹鉄砲《たけでっぽう》」を作って遊んだ。野球をするときには、物置にある角材をナタで削《けず》ってバットを作り、古い布を固く巻いたボールで野球をした。それを思い出すだけでもワ

＊1　学生運動｜学生によって組織される社会的・政治的運動。日本では1960年代に特に盛んとなり、60年代後半には、ベトナム戦争や日米安保条約改定への反対運動が沸き起こり、全国の大学で学園闘争が発生した。

＊2　ベトナム戦争｜ベトナムの統一をめぐる戦争（1955～1975）。南ベトナムはアメリカ、北ベトナムはソ連の支援を受けていたため、米ソを始めとする資本主義陣営と社会主義陣営の代理戦争ともいえる。20年もの間続いた戦争の結果、数百万人もの死者が出た。

クワクする。そんなアナログな時代だった。

しかし、そんな長閑《のどか》な風景は、中学に入って一変した。長かった髪《かみ》を丸刈《まるが》りにし、学生服、履物《はきもの》や持ち物を決められ、猛烈《もうれつ》な違和感《いわかん》に襲《おそ》われた。さらには、クラス委員長をしていた私は、新米の担任との間で、クラス運営をめぐってぎくしゃくするようになり、生徒相談室に呼び出されたり、些細《ささい》なことで生徒の前で殴《なぐ》られるようになった。1年生の12月のある日、それは、さらにエスカレートした。クラス会をうまく仕切れなかったことに担任が激怒《げきど》し、私は生徒全員の前に引き出され、サンドバッグのように殴られ、みぞおちにパンチを食らった。悪い時には、悪いことが重なるものである。受診《じゅしん》した病院の安静を保つようにとの診断《しんだん》を無視し、包帯をかなぐり捨て、ケガをおして参加した体育の授業で転倒《てんとう》して頭を強打した。一時的な記憶喪失《きおくそうしつ》に陥《おちい》ったばかりでなく、激しい頭痛と吐《は》き気《け》、眩暈《めまい》に襲《おそ》われ、自宅療養《りょうよう》を余儀《よぎ》なくされた。クラス委員長も辞め、その後、学校も転校した。まさしく「14歳」の幕開けであった。この出来事には、さらに続きがある。転校をした学校でも主治医からは運動は禁止されていたが、ベンチで声掛《こえか》けだけでもやらせて欲しいと願い出てあこがれの野球部に入部をした。すると、2年生にもかかわらずグラウンドの隅《すみ》で1年生と一緒《いっしょ》になって声掛けと球拾いに明け暮れる私に同級生が同情し、先輩《せんぱい》の目を盗《ぬす》んでこっそりとバッティングをさせてくれたのだ。嬉《うれ》しかったが、その結果は惨《みじ》めだった。誰かが上級生に密告したのである。その結果、私は先輩に殴られ、野球部員全員から回《まわ》し蹴《げ》りをされ、中腰《ちゅうごし》になった私の尻《しり》をタイヤに見立ててバットで打つ「けつバット」というシゴキを受けるようになった。その他にもいろいろなことがあった。だから、私にとって14歳は、懐《なつ》かしさ以上に、いまでもため息がでるほどの嵐《あらし》の季節である。

　その当時の私は、「大人はこんな人生をどうやって生きているんだろう」という素《そ》朴《ぼく》な疑問を持っていた。その問いへの手《て》掛《が》かりの一つが、戦時中に10代だった両親の体験談だった。10代の半ばに焼夷弾《しょういだん》による空襲《くうしゅう》から逃《に》げ惑《まど》った母親の話や少年兵として従軍した父から語られた言葉が、14歳という「人生の荒波《あらなみ》」に漕《こ》ぎ出《だ》そうとする私の後《うし》ろ盾《だて》になっていた。

もう一つが時代背景である。先にも紹介《しょうかい》したように私が中学生だった1960年代末、東大の安田講堂事件*3に象徴《しょうちょう》されるように日本は学生運動が全国に拡大し、学生によって大学封鎖《ふうさ》され、機動隊が導入された。世界に目を転ずるとベトナム戦争が泥沼化し、「ソンミ村の虐殺《ぎゃくさつ》」*4事件が報じられ、アフリカでは貧困と飢餓《きが》問題が深刻化していた。

そのような自分の親たちが生き抜いた戦時中の物語と日本の社会の現実、そして世界中で起きている貧困と飢餓の連鎖《れんさ》の背景に「人と人との争い」というテーマを感じ、それと、自分が学校で直面している生きにくさが、ひとつのループのようにつながったのである。そして、私は、日常のつらさ以上に、世界中の人が苦しんでいる大きなテーマの一端《いったん》に、自分が立たされているという不思議な高揚《こうよう》感に包まれていた。自分の直面している生きづらさが、日本社会ばかりではなく、世界全体の生きづらさとつながっている。そう考えると、私は自分のかかえる生きにくさに、少しだけ自信と責任を感じることができた。

振《ふ》り返《かえ》ると、14歳で直面した学校における人間関係の苦労をきっかけにはじめたのが、

＊3　東大の安田講堂事件｜1968年、研修医などの待遇改善を求める医学部生の動きを発端に東京大学学生らがキャンパス内の安田講堂を占拠した。69年1月18日から19日にかけて、警察機動隊が封鎖解除を行い、約630人の学生が逮捕された。

＊4　ソンミ村の虐殺｜ベトナム戦争中の1968年3月16日、米軍兵士がベトナム中部のソンミ村で非武装のベトナム人住民504人を虐殺した事件。世界に衝撃を与え、反戦運動のシンボルとなった。

あえて人のできない「苦労をしてみる」という実験だった。高校に入学して一番最初にしたことは「勉強をしない」実験だった。先生方の言うとおりに、将来のために有名大学を目指して勉強するというロジックを私は受け入れることが出来なかったからだ。だから、試験も、30点の赤点をクリアすることを心掛《こころが》けた。修学旅行もキャンセルし、その費用で福祉《ふくし》施設《しせつ》に行ってワークキャンプをした。福祉を学ぶために入った大学では「一番苦労ができることは何か」を考えて、親からの仕送りを断る、そして、働きながら大学に通うという実験に着手した。ソーシャルワーカーとしての就職先は、一番人気のない、一番苦労できる可能性のあるところを選んだ。就職して最初にしたことは、「この町で一番苦労している人を紹介してください」と地域の保健師さんにお願いすることだった。そして、一緒にアルコール依存症《いぞんしょう》の夫を持つ家庭を訪ねた。このことを通じて、自分と、自分のまわりのさまざまな出来事に向き合い、試行錯誤《しこうさくご》を重ねながら生きる術を仲間と共に発見していく、「自分が自分の研究者になる」というプロセスの大切さを学んだ。それが、自分のかかえる困りごとや悩《なや》みなどを自ら研究する活動、「当事者研究」が生まれる下地になっていった。

「研究」と聞くと大人のすることと思うかもしれないが、むしろ素朴《そぼく》な問いに満ちている子どもたちの方が研究には向いている。例えば、「死にたいという気持ちのメカニズム」を研究してみるのはどうだろう。この研究は、周りの大人と多くの子どもたちを勇気づけ、励《はげ》ます可能性を持っている。一般《いっぱん》的には、深刻な悩み事などがきっかけで人は死にたくなると思われている。しかし、実は、人は悩みや困りごとがなくても、ちゃんと「死にたい」気持ちになるものだ。特に成功や何かを成《な》し遂《と》げた達成感の後に、死にたい衝動《しょうどう》がやってくることもあるから不思議だ。

　フランスの小説家、哲学《てつがく》者のアルベール・カミュが、ギリシア神話を引き合いに出して書いた『シーシュポスの神話』という評論がある。シーシュポスは神々を欺《あざむ》いたことで怒《いか》りを買い、神々から山の頂上に岩を押《お》し上《あ》げることができたら罪を許す、と言われる。彼《かれ》は必死で岩を押し上げたが、頂上に着いた途《と》端《たん》に岩は反対側へ転げ落ちてしまう。何度やってもその繰《く》り返《かえ》し。つまり、その行為《こうい》を一生続けることこそが神々からの罰《ばつ》だったのだ。カミュはこの話から、朝起きて、電車に乗って、学校や仕事に行く、という毎日の繰り返しのなかで、ふと、「なぜ」という問いを発した瞬間《しゅんかん》、私たちは自殺しうる、つまり、私たちの日常に現代人のこころの危機がある、という命題を示した。

現代社会が、科学の力で病気を克服《こくふく》し「死」を遠ざけ、まるで永遠に生きることを欲するような死生観に支配されてきた中で、宗教や哲学の生命観は、お母さんのお腹のなかに宿った瞬間から、死は始まり、カウントダウンが始まっていると考えてきた。20世紀の偉《い》大《だい》な思想家の一人であるパウル・ティリッヒもまた、「私たちは生きているのではなく、毎日死んでいる」と述べている。そのように「死」とは、ふいに訪れるものではなく、すでに私たちの大切な日常の一部なのだ。

だから、14歳になったみんなと、戸惑いと謎《なぞ》に満ちた人生の荒波《あらなみ》に一緒に揉《も》まれながら、生きていることの不思議さを、これからも研究しつづけたい。

向谷地生良

Mukaiyachi Ikuyoshi

１９５５年青森生まれ。１９７８年に北星学園大学卒業後、北海道の浦河赤十字病院にソーシャルワーカーとして勤務。長年にわたり浦河町「べてるの家」で精神疾患を持った人たちと活動し、ソーシャルワーカーとして実践を続けてきた。「べてるの家」から生まれた当事者研究は世界から注目されている。現在は北海道医療大学教授。社会福祉法人浦河べてるの家理事。著書に『増補改訂「べてるの家」から吹く風』（いのちのことば社）、『技法以前』（医学書院）など多数。

7

愚《ぐ》痴《ち》は生き延びるための技術だ

精神科医　松《まつ》本《もと》俊《とし》彦《ひこ》

本当に困ったとき、僕《ぼく》らはなかなか誰《だれ》かに「助けて」なんて言えない。友だちに話すのが危険なこともある。いじめのネタにされたり、正論が返ってきたり、言っても仕方のない悩《なや》みも、たくさんあるよね。むしろ世の中の問題のほとんどはそうだ。

じゃあ、「助けて」じゃなくて、「困ってる」ならどうだろう。

そんなふうに愚痴ってみてほしい。

僕が知っている、メンタルを病む人の多くが、文句も言わずに自分で抱《かか》え込《こ》んで、最終的に身動きがとれなくなっていってしまう。「愚痴を言う人は長生きする」って言うけれど、あれは本当だ。愚痴っているうちに、なんとなく問題が解決することがあるんだ。

僕が精神科の医師として、これまで悩みを抱えるたくさんの人たちに会ってきて、気づいたことがあった。その話をしてみたい。

届かなかった僕の言葉

精神科医になってはじめの頃《ころ》、ある学校に薬物乱用防止教育の一環《いっかん》として、講演に行ったことがある。「ダメ、ゼッタイ」という駅などに貼《は》られたポスターを、見たことがあるかもしれない。薬物がどんなに害があるのか、一回やると止まらないこと、手を出したら廃人《はいじん》になること……壇上《だんじょう》に立って、学生たちの前でそんな話をした。そしてその後、自傷行為《こうい》などのアンケート調査をして、僕の講演の感想も集めた。

返って来た感想には、9割の子が「薬物の怖《こわ》さがよくわかった」「人生何があっても自分は薬物を使わない」「薬物を使うのはバカげている」といった期待通りのことを書いてくれた。だけど、自傷経験のある1割の生徒たちの答えは、僕のやり方を考え直させるものだった。「薬物は、自分の体を傷つけるだけで人を傷つけるわけじゃない」「薬物をやりたければ、勝手にやればいい」そんなことが書かれていた。

一緒《いっしょ》に行《おこな》ったアンケート調査で、全体の1割は、リストカットやお酒を飲んだり、タバコを吸ったり、市販《しはん》薬の乱用をしていたのが明らかになっていた。さらに拒食《きょしょく》や過食といった摂食《せっしょく》障害の傾向《けいこう》を持つ子も多かった。実は、10代でこういった経験のある子たちは、成人した後に違法《いほう》薬物に手を染めたり、アルコール依存症《いぞんしょう》になるリスクが高いことがこれまでの研究で分かっている。

僕はそのアンケートを見て、しばらく呆然《ぼうぜん》とした。本当に伝えなくてはいけない1割に、まったく届いていなかった、っていうことに。9割の子は、僕の講演なんて聞かなくたって、このクリーンな日本という国にいれば、おそらく将来も薬物の危険はないと思う。

僕ら大人は、自分たちの求めているもの、こうであってほしい、という姿を勝手に子どもに押《お》し付けているだけだったのかもしれない。ものを教える立場にいる大人は、きっと学生時代も勝ち組にいて、居場所がない子のことをうまく想像できないんだな、と思った。「ダメ、ゼッタイ」ではダメなんだ。

「自殺はダメ」と「自殺したい」は交わらない

患者《かんじゃ》さんとして僕のところに来る人たちに、死んじゃいけない理由を伝えて、どうして自殺がいけないか話し合ったことがある。僕はその時まだ、自殺はダメだって思っていた。だけど「自殺はダメ」という理由は、最終的には「ダメなものはダメ」「それが人間のルールだ」としか言えない。結局嚙《か》み合わない話の最後には、相手がキレて席を立ってしまい、慌《あわ》ててそれを追いかける……ということもあった。でもある日「これは、平行線だな」って思った。自殺を止めたい僕と、自殺をしたい人。どっちかの考えが変わらないと解決しない。

そんなわけで、僕はその患者さんに「これは難しいよね……。だけど、また来週、待ってるね」と言って予約票を渡《わた》した。

そうしたら次の週、その人はちゃんと来てくれた。前の週はキレていたのに。

　本当に大切なのは、自殺しないよう説得したり、自殺の何がダメかを論破するのではなく、次の予約を入れることとか、「また来週会おう」って言うことなんじゃないか。そこからなら、話を広げていけるのかもしれない。少なくともいま現在ハッピーな人は、きっと死にたいとは言わない。だから、何を抱えていて、どうして死にたいのかに注目してみよう。そんなふうに思うようになった。僕にとって、困りごとを聞くことがいまの仕事なんだ。

「自殺はダメ」について、もう少し考えた

「死にたい」「消えたい」って口にすると、周りは「親が悲しむよ」とか「友達がショックを受けるよ」「それを見た人がトラウマになる」……なんて言うかもしれない。そんなにみんな、僕のことを気にしてたっけ？　なんて思うよね。そもそも「命を大切に」なんて言うけど、「〝命〟って何ですか？」って聞いたら、あまりにも抽象《ちゅうしょう》的で漫《まん》然《ぜん》としすぎていて、きっと誰も説明できないと思うんだ。

　たとえば、これはある大人の例だけれど、違法薬物の依存症の人がいた。薬物がダメ

だとわかっていてもやめられなくて、「酒もクスリも、なんでいけないの？」って何度も言われた。その人の症状《しょうじょう》が少しよくなって、回復した後、「たぶん自分は、クスリを使わなかったらもっと早く自殺をしていたと思うんです」と話してくれた。リストカットも同じで、そうせずにはいられない理由がある。僕のところに来る子たちは、「切っちゃった」ってわざわざ言いに来る。切るメリットとデメリット、その両方を分かっているけど自分では止められなくて、揺《ゆ》れていて、なんとかしたいから医者のところに来る。僕らはその両価的《りょうかてき》な――どちらにも、それなりの意味があるところを天秤《てんびん》にかけて、最終的にはリストカットをしない方向に持って行きたいと思う。けれど、それが相手にわかると、こちらの思いとは反対の方へと行ってしまうんだ。だからヘンなオチはつけずに、また会い続けられる関係性を保っていくようにしている。

「死んだらダメだ」って頭ごなしに言うのは、相手が心配なだけじゃない。実は、相手の命をコントロールしようとすることなんだ。もっともらしく筋道を立てて、相手を論破する。それは屈服《くっぷく》させることでもある。死にたいと思っている人は、これまで色々工夫をしてきたけれど、それでもうまくいかなくて、自分は何も変えられない、無力な存在なんだ、って考えている人が多い。そのなかで最後に残された、これだけは自分の手で何とかできること——それが自分の命を自由にする、コントロールすることなんだ。だからそれを他人がどうこうしようとすることに、とても敏感《びんかん》になっている。その状況のなかで、理屈の口喧嘩《げんか》で負けさせられるなんて、とても屈辱《くつじょく》的なことだ。右って言われたら、意地でも左に行こうと思ってしまう。

　だから僕らの治療《ちりょう》の現場では、そんなパワーゲームにはしないほうがいい。むしろ無理に答えや落ち着きどころを見つけるのではなく、一緒に「難しいよ」「わからないね」と悩む。わからないけど、もう少しこのことは一緒にあなたと悩んでみたい。だから来週もう一度来てみてくれるかな、と話す。

今日からできる愚痴のススメ

　もしあなたが、もう生きるのがしんどいと思ったら、誰かに愚痴るといいよって言った。具体的にどうするのがいいだろう。

　一つは、自分だけのノートを用意して、その時に自分の心を占《し》めているものや、しんどいこと、それに対して自分はどう思っているかを書いてみる。つまり自分に愚痴るんだ。同じテーマを何度も繰《く》り返し書いてみる。すると、そのなかで問題が客観視できるようになってくる。もちろんトラウマが深刻な人は、頭に思い浮《う》かべるだけでも辛《つら》いし、いじめられている時には、いじめのことは書けないと思う。そういう時は、関係ないことを書けばいい。全然違《ちが》うこと、好きなこと。僕が会っている子で、アニメが大好きで、やたらとアニメのキャラクターの絵を描《か》きまくっている子がいる。親からすると「勉強もしないで……」って思うかもしれない。でもその作業、表現活動の中には癒《いや》しがある。自分が何かについて夢中で書いている時、あなたの心は自由だ。想像力を使って書くこと、表現することは、現実の世界で身動きがとれない僕らを救ってくれると思う。

二つ目は、今度は実際に誰か他人に愚痴ってみる。これは危険だと言う大人もいるかもしれないけれど、僕のお勧めはＳＮＳで「闇アカウント（病《や》み垢《アカ》）」を作って愚痴ること。自分の考えを言語化して発信すると、それに共感してくれる人も出て来るかもしれない。リアルには会わない相手だからこそ、安心して自分の思いを伝えられる良さもある。

三つ目は、身近な誰かに愚痴ること。この時に重要なのは、相手を見極めることだ。もしあなたの愚痴に対して、上から目線でアドバイスしてきたり、なぜか向こうが「自分も辛い時があったけど、こんなふうにしたよ」なんて武勇伝を語り始めたら、即《そく》ブロックしていい。大人だって子どもだって、マウンティングする人は、どこかで誰かにマウンティングされていて、連鎖《れんさ》みたいになっている。いじめの加害者は家庭内の問題の被《ひ》害《がい》者だったりするようにね。

だから相手からのリアクションが、直感的にイヤだなって思うものは排除《はいじょ》していい。いろんな人から意見を聞いた方がいいけれど、いいとこ取《ど》りをする。自分ファーストで、「これはいい」と思うものを採用して、後は大胆《だいたん》に切り捨てる。自分を否定するような意見もまるまる受け止めると、自分のことがわからなくなる。説教してくれた人が、あなたの痛みを肩《かた》代わりしてくれるわけではないから。

僕らは荒野《こうや》みたいなところにいて、周囲の状況《じょうきょう》も天気みたいにコロコロ変わる。強い風が吹《ふ》いた時、それがどのくらい続くかもわからない。だから苦しい。だけど風向きはいつか変わるし、その風が自分をどこかに運んでくれることもある。
あなた自身が「消えたい」「死んじゃいたい」と思っているとき、あるいは周りの大事な誰かがそう思っているとき、僕の経験が少しでも役に立てばいいなと思っている。

松本俊彦 Matsumoto Toshihiko

国立精神・神経医療研究センター精神保健研究所薬物依存研究部部長。佐賀医科大学卒業。国立横浜病院精神科、神奈川県立精神医療センター、横浜市立大学附属病院精神科などを経て、２００４年より国立精神・神経センター（現 国立精神・神経医療研究センター）精神保健研究所司法精神医学研究部専門医療・社会復帰研究室長に着任。以後、同研究所自殺予防総合対策センター副センター長などを歴任し、２０１５年より現職。２０１７年より国立精神・神経医療研究センター病院薬物依存症センター センター長を兼務。

8

未来なんてない

ラッパー／アーティスト　KOHH

　子どもの頃《ころ》から「いつ死んでもいい」という気持ちを漠然《ばくぜん》と抱《いだ》いて生きてきた。いまでもそういう気持ちはどこかにあって。それは、人間は死からは逃《のが》れられないから「いつ死んでもいい。だからいまを生きる」という感覚。「Living legend」という曲で「生きてる伝説／死んだら意味ない」って歌ったけど、「いつ死んでもいいけど、死んだら意味ねえ」って思う。そう思うようになったのは、カート・コバーン、ジミ・ヘンドリックス、ジャニス・ジョップリンといった若くして死んで伝説となったアーティストの音楽を聴《き》き出してから。自分の音楽が死後に人びとにいくら感動を与《あた》えていても、彼《かれ》らはそれを感じたり、知ったりできない。それって意味ねえなって思って。俺《おれ》はいま感じたいから。

いま感じたいこと、観たいもの、やりたいことを先延ばしにしない。「数カ月先にライヴの予定があります」と今日言われても実現できるかどうかなんてわからない。そういう信用度はゼロになった。だから未来なんてない。ちょっと前に久々のライヴをやったけど、「いまＫＯＨＨを観たい」って人たちの熱気がヤバかった。いまは、いまでしかなくなった。

だけど実は、俺は昔からこんなに前向きじゃなかった。ある時期までは、いじわるな性格で、人を虐《いじ》めたり、盗《ぬす》みを働いたり、イラついて物を蹴《け》飛ばして壊《こわ》したりするような人間だった。それが良いとか悪いとかの判断もできていなかったし、そういう自分を楽しんでいた。寂《さみ》しかったんだろうなっていまは思えるけど、感情や心のないクソ野郎《やろう》。そんな俺に転機が訪れたのは、一六〜一八歳ぐらいの時だった。当時付き合っていた彼《かの》女《じょ》に振《ふ》られて本気で死のうと思ったことがある。ビルの縁《ふち》に立ってみたり、包丁を手に持ってみたりした。別れた彼女にも「俺は死ぬから」って言いまくっていた。でも死ねなかった。いま考えると超《ちょう》ダサい。「なんで俺じゃダメなんだ？」って振られた理由を考えるけどわからなかった。俺は彼女を好きだという気持ちを正直に伝えていただけなのに……人生のどん底だった。

　そんな俺を見かねて、別れたあともちょくちょく会っていた彼女がある本をすすめてくれた。その本には、良いことを考えていれば良いことが起きるし、嫌《いや》なことを考えていれば嫌なことが起きる、という内容が書かれていた。それ自体はとてもシンプルな考え方だと思う。実際その本にもう少し前に出会っていたとしたら、「なんだよ、キレイゴトかよ」って感じて入ってこなかったかもしれない。人生がどん底の状況《じょうきょう》だったから響《ひび》いたし、衝撃《しょうげき》を受けた。その本を読んで俺は、自分がめちゃめちゃヤバいネガティヴ野郎として生きてきたことに初めて気づいてしまった。それまでは、自分がネガティヴな人間という自覚がまったくなかった。嫉妬《しっと》や勘《かん》ぐりが激しい性格にも気づいていなかったし、束縛《そくばく》は相手を好きだからする「正しいこと」と考えていた。でも人を信頼《しんらい》したり、信用したりできれば、束縛したり勘ぐったりはしない。束縛するということは、「俺はお前のことを信用していない」って言っているのと同じ。そこで初めて、彼女に

「あなたがネガティヴだから一緒にいたくない」と振られた意味も理解できた。

この経験によって俺の人生は決定的に変わった。それまではネガティヴなことや悪いことを考えてばかりでそれが現実になってしまっていた。それがポジティヴ野郎になって以降は、自分が思い描《えが》いた良いことが現実になってきたし、現実にしてきた。ただ、そうやって前向きに人生に向き合えるようになってからも楽して稼《かせ》ごうとして上手くいかなかったりしたこともあって。でも、ラップと音楽は始めてからいままで続けてきている。ラップは自分に向いていたんだと思う。けっきょく俺は「死にたい」って口で言っているだけで死ななかったけど、そもそも「『死にたい』って思わない人なんているの？」って感じ。俺も本気で死のうと思ったし、「いつ死んでもいい」と思いながらいまを生きているから。「死にたい」と思ったら、いちど落ちるところまで落ちて自分を見つめ直すしかないんじゃないかなって思う。

それと実は、二カ月ぐらい前に自分の犬が死んで……。死には、自分の死だけじゃなくて、当然身近な存在の死もある。それは、俺が大人になってから初めて経験した近しい存在の死で、一週間ぐらい一瞬《いっしゅん》でも犬を思い出すと涙《なみだ》があふれ出してきてめちゃくちゃ泣いた。「いつになったら悲しくなくなるんだろう？」っていうぐらい。その一週間ぐらいはずーっと悲しい歌ばかり作って録音しまくって、楽しいことや嬉《うれ》しいことがあった時に作る曲とはぜんぜん違《ちが》う、悲しみや痛みからでしか生まれてこない心をえぐられるような曲ができた。これだけ人の心を動かす死ってヤバいなって。でもそんなに悲しみに暮れていたはずなのに、一週間ぐらいすると泣くことや悲しむことに慣れている自分がいて、悲しみが終わることも悲しいんだなって。

　犬の死はすごく悲しかったけど、肉体がなくなったとしても生命は死にやしない、生きているって俺は思う。光も空気も雲も見えない粒子《りゅうし》も、いま目の前にある机やコーヒーカップも生きている。人間は地球の一部で、生きているものが人間の中にあるっていう、そんな感覚がある。すべてが生きている世界に俺も生きているから、変なことや、自分に嘘《うそ》をつくようなことはできない。そういう感覚で「ひとつ」という曲を歌った。ただ、「みんなでひとつ」とは歌っているけど、世の中にはいろんな信仰《しんこう》や宗教、考え方や正解があるし、地球上の全員が違って俺とまったく同じ人はいない。俺の考え方が何かに近いとかはあるかもしれないけれど、完璧《かんぺき》に同じというのはあり得ない。そもそもこういう考え方を、物質とか目に見えるものしか信じない人は「バカだな」って思うだろうし、それはそれでいい。俺は目に見えないものを信じる人間だから。

　今日はこういう話をしているけど、普段《ふだん》の生活の中で「生きるとは何か」「死とは何か」「命とは何か」っていうことばかり考えているわけじゃない。むしろ俺は、曲を作ったり、絵を描《か》いたり、ライヴをしているときに、集中して何も考えず無になれる状態が最高だと思う。その状態にいつも到達《とうたつ》できるわけじゃないけど、そういう無の状態を目指している。やっぱり人間、自分のことじゃなくて、周りのことを考えてばかりいるからネガティヴになってしまう。無になるぐらい自分のことに集中していれば周りのことなんて関係なくなる。それがいまを生きているってことだと思う。

KOHH

１９９０年東京都北区王子生まれ。生い立ちや現況を、ありのままに綴《つづ》る歌詞表現と、ジャンルに囚われない自由な音楽スタイルで、国内外から絶大な支持を集める。アルバム作品『MONOCHROME』、『梔子《くちなし》』、『DIRT』、『DIRT II』、『Untitled』、『worst』のほか、ミックステープ『YELLOW T△PE』（１～４）など多数。

9

深夜の犬みこし

うかうか

DOGビ
犬
ア〜

イヌビタンD
CMのあと
スポーツ
ストロング
DRY

うかうか Ukauka

北海道出身。漫画サイトSouffleにて『貼りまわれ！こいぬ』連載中。著書に『小犬のこいぬ』（イースト・プレス刊、2020年12月予定）がある。TwitterID：@nknk6164

10

「つらいのは今だけだよ」なんて言わないけれど

女優・声優　春《はる》名《な》風《ふう》花《か》

地獄《じごく》の中にいる人間にとって、つらいのは今だけだから頑張《がんば》れとか、生きてればいいことあるよ、なんて言われても正直なんの慰《なぐさ》めにもならないし、つらくなる。じゃあ、今ここで私と代わってよ。助けてくれないなら黙《だま》ってよ。こちらは頭まで泥《どろ》に押《お》し込《こ》まれ、息も出来ず、もがく様を足蹴《あしげ》にされて笑われ、死ぬことでしか逃《のが》れられない状態が永遠に続いているのに。これ以上惨めな思いをするのなら、心が壊《こわ》れてしまうなら、まだギリギリ正気を保てているうちに、人としての尊厳を守って逝《い》きたいと思うのは、誰《だれ》だって同じじゃないだろうか。

お願いだから、どうか死にたいと願う人の気持ちを否定したり、そんなことを言うんじゃないと頭ごなしに責めないでほしい。そんなことは言われなくたってわかってる。誰だって幸せに生きられるものなら生きていたいし、最初から死にたいと思って産まれてきた訳じゃない。自死は自分に対する殺人だから悪だ、と言われるが、他に選択肢《せんたくし》がない状況に追い込まれたのなら、それは他殺だ。殺されそうになっている被害者《ひがいしゃ》に逃《に》げろとか死ぬなとか強くなれとか説教する前に、加害者に「殺すな」と言うべきだ。

２０２０年7月。私はひとつの裁判を終えたことをYouTubeで報告した。Twitterなどで誹謗《ひぼう》中傷を受け続けて、はや10年。殺害予告や爆破《ばくは》予告等で仕事も夢も私生活も壊され耐《た》えかねて、特に酷《ひど》い投稿《とうこう》をしていた人物を、名誉《めいよ》毀《き》損《そん》罪と侮辱《ぶじょく》罪で訴《うった》えることに決めてから2年の月日が過ぎていた。道のりは途方もなく長く、4つのプロバイダとの裁判に勝ち情報開示がされるまでに1年。その後も損害賠償請求《そんがいばいしょうせいきゅう》と刑事告訴《けいじこくそ》を経て、示談に至るまでにまた1年。小学生、中学生、高校生……。中傷や暴言、根拠《こんきょ》なき嘘《うそ》やデマに泣いていた9歳の私は、気づけば19歳になっていた。

法的に対処できる名誉毀損などに加え最も私や家族を苦しめたのは、事実とは異なる身勝手な噂《うわさ》たちだった。「大人に言わされている」「親が代筆している」から始まり、漫《まん》画《が》の話をすれば「作者に擦《す》り寄っている」。芸能界の先輩《せんぱい》と話せば「取り入ろうとしている」。大きな作品への出演が決まれば「親が反社会的勢力とつながりがあるらしい」。ファンにお礼のDMをすれば「DMで懐柔《かいじゅう》作戦かよ」。男性をフォローすると「色目使ってる」。

挙句の果てには殺害予告や爆破予告までも「売名行為《こうい》」「自作自演」「警察に通報するなんてやりすぎ」「加害者が可哀想《かわいそう》」。やめてくださいと言おうものなら、逆に「芸能人のくせに一般人《いっぱんじん》を晒《さら》すのか」と、あちこちにクレームを入れられる。少しでも抵抗《ていこう》したり、被害を訴えたりすれば逆に加害者にされてしまうので、仕方なくあきらめて、何を言われてもただ黙っていると、今度は「ほらな、本当のことだから否定も出来ないんだろう」と言われ、私はどうしようもなくなった。表向きは明るく返していたが、毎日が死と隣《とな》り合わせだったような気がする。

まともな大人たちが、何度も私からＳＮＳを取り上げようとした。子供が大勢の大人から誹謗中傷を受けているのだから、私も大人なら必ずそうしたと思う。でも、私は周囲の反対を押し切り、それでもTwitterをやり続けた。タレントイメージは悪くなり、業界関係者からも顰蹙《ひんしゅく》を買っていたが、私は私に正直でいたい。自分が間違《まちが》っていると思うことだけはしたくない。子どもでもマナーを守ってさえいればＳＮＳをやる権利があるはずだし、先にTwitterをやめるのは私ではなく、嫌《いや》がらせをしている彼等《かれら》であるべきだと思ったのだ。

「いじめられた側がまるで厄介者《やっかいもの》のように学校を追い出され、いじめた子たちが楽しく学校生活を送れるなんて、絶対におかしい」と私は思う。とはいえ、たいていの場合、被害者はひとりだが、加害者は複数人、もしくはクラス全員や学年全員なので、いじめられている子どもは、やむなく自分の命を守るため緊急避難《きんきゆうひなん》を強いられる。被害者でありながら学校から追い出される子と、その後何ごともなかったように毎日登校している加害者のことを思うとたまらなくなる。

だがその点、私を攻撃《こうげき》している人たちと私の間にはまだ物理的な距離《きょり》がある。だからせめてインターネット上だけでも、これが学校や社会（ＳＮＳ）のあるべき姿だよって、子どもたちに見せてあげたいと思った。社会的に身の潔白が証明されるまで絶対にＳＮＳから逃げるのはやめよう。いつか大人になって、お金を貯めて裁判をし、嘘を書いた人々に謝ってもらう。そしてその姿を、多くのいじめられている子どもたちと、いじめている子どもたち、そしていじめを隠蔽《いんぺい》し、なかったことにしている事なかれ主義の大人たちに見てもらいたい。それまでは何があってもやめるものか。

長い闘いの末、３１５万円という異例の額の示談金と、「二度としない」という謝罪を書面にしてもらい、私の初の裁判は終わった。これで私は堂々とTwitterをやめることができる。単なる意地だが、私は嫌がらせを受けるようになってからほとんど毎日、休まずにどうでもいいことをつぶやき続けていた。ネタのない日も、生存報告として必ず何かはつぶやく。今日も生きてるぞ。死んでないぞという報告。学校でいうといじめを受けながら卒業まで皆勤《かいきん》で通い通すのに近い。疲れたけど、いじめを相談してくれた多くの子どもたちに対しても、なかなか恥ずかしくない結果を残すことが出来たんじゃないかと思う。

ネットのおもちゃにされ続けた子ども時代。でも死んだらもっと笑われるだろうと思ったし、残された家族が私以上に馬鹿にされ、責められ、叩《たた》かれ、私よりもさらに死にたい気持ちになるだろうと予想出来た。

たぶん本当につらかった時に、自分がネットの悪意に傷ついて死んでいたら、社会は大きく変わっていたかもしれない。でも、誹謗中傷に殺されて、それで何かが変わるなんて悲しすぎる。私は世の中の悪意に殺されて死にたくないし、生きてるときに助けてくれなかった人たちに、死んだあとに調子よく同情されたくない。必ず生きて、生きたまま未来を変えたい。もし、たった一人でも二人でも自分のことを本当に心配してくれていた人がいたとしたら、その人が自分のために流してくれる涙《なみだ》もそんな人たちと一緒《いっしょ》にされちゃうし、そんなのって悔《くや》しすぎるじゃない。

そもそも頑張って生きたからって何になるのだろう。こうしている間にも大勢の人が毎日死んでいる。自分がこの世から消えても、明日は変わらずやってくるし、世界は何ひとつ変わらない。果たして、こんなにつらい思いをしてまで生きていくことに、何か価値などあるのだろうか。

けれど私の両親は、私がどんなに社会のお荷物になっても、きっと死んでほしくはないと言うだろう。私も、自分の家族が社会にとって必要とされていなくても、ただそこにいてくれるだけでいいと思っている。もしも意思疎通《そつう》が出来なくとも、たとえ本人がどんなに「生きていることがつらいから殺してくれ」「何の役にも立たない自分なんて生きている価値がない」と言ったとしても。本当は、人ひとり程度生きようが死のうが大した影響《えいきょう》はないのかもしれない。けれど、生きることを望んでいる人がいる限り、生きていることに少なからず意味は生まれているのかもしれない。

私は役者という仕事が好きだ。不思議なことだがどんなに理解出来ない人間も自分として演じてみると完全に嫌《きら》いになることは出来ないし、その人なりに守りたいものが見えてくる。生きることへの不安と恐怖《きょうふ》を吹《ふ》き飛ばすには、生きていることそのものの圧《あっ》倒《とう》的な美しさに目を向けるしかないのかもしれない。生に夢中になっている時だけ人は襲《おそ》いくる死の恐怖《きょうふ》から逃れることができるし、ほんの少し他人にも優しくなれる。それに、生きることに意味などなくても、誰かが必死に生きている姿は美しいと私は思う。

　つらいのは今だけだとか、生きていれば必ずいいことあるよとは言わない。これからもつらいことはたくさんあると思う。でも、どこの誰ともわからない人から全否定されて死にたくなるのなら、どこの誰とも知らない私が、誰かの命を全力で肯定《こうてい》することだって出来るんじゃないだろうか。私はこれからも悪意に殺されたくないし、傷ついた人にこそ生きてほしいので、よかったら一緒に生きてくれませんか。もしも周りにあなたの生を喜んでくれる人がいないなら、私がそのぶんも喜んでいくから。私は、あなたが明日も生きていてくれたら嬉しいです。

春名風花
Haruna Fuka

２００１年神奈川生まれ。女優・声優。０歳から子役・モデルとして活躍。２０１０年、９歳のときにTwitterアカウントを開設し、「はるかぜちゃん」の愛称で親しまれる。映画、アニメ、ゲーム舞台、ドラマなどでマルチに活躍。劇場版『みつばちマーヤの大冒険』、劇場版『おおかみこどもの雨と雪』、『エウレカセブンＡＯ』、あうるすぽっとプロデュース舞台『TUSK TUSK』など、出演多数。

「死にたい」と思うことはありますか？
死にたくてもいい
漫画家
水《みず》谷《たに》緑《みどり》
それはどんなときですか？
私の場合は親が亡くなったあと
不安にさせてごめんなさい
罪悪感
昼はがんばって仕事をして
ニコ
ニコ
夜に落ちる
生きるのやめたい
自分やばいな
専門家に死について聞いてみることにした
こんにちはー
看護師さん
消えたいと思うときがあったんですが
看護師さんは患者《かんじゃ》さんに「死にたい」と言われたらなんて言いますか？

会社の社長をやっている男性がいたんだけどね…
治療《ちりょう》つらくないですか?
ハキ
ハキ
全然大丈夫《だいじょうぶ》です!
家族や部下が見舞《みま》いに来ても病気のこと言わないで下さいね!迷惑《めいわく》かけたくないんで
がんばり過ぎ…大丈夫かな?
身体をふいているとき
ごし
ごし
ふー
あったかい…
はー
死にたいなぁ…
あ いや…
死にたいくらいつらいんですね

正直な気持ちを出してもらえてよかったです
泣いてからがはじまり
ガチガチに武装した心をほぐして
自分の感情を見つけていく
そうするとだんだんその人らしさが出てくるの
お父さーん
水谷さんもつらいことがあったのなら
死にたいと思うのは
自然な反応じゃないかな
ふつうのことなんだ
死にたいと思う気持ちは否定しないで持っていてもいい

一方で自殺した人の話も聞いた
精神保健福祉士《ふくしし》さん
自殺しようとする人の多くは
直前までスマートフォンを見ているという調査結果がある
誰《だれ》かから連絡《れんらく》来ないかな
迷ってるんだよ
家で腹に包丁を刺《さ》して死のうとしたけど
失敗して助かって入院してきた人がいたんだけど
傷が治ってきたとき
家のカギ閉まってるか
心配で見に帰りたい
家に一緒《いっしょ》に行って自殺未《み》遂《すい》の片付けをした
わあ
ゴシ
ゴシ
血ぃとれねーな

なんでオレ
こんなこと
したんだろ
そんなに
変わるん
ですね！
一時的に
視野が狭《せま》くなった状態で
死ぬのはもったいない
ただ
自殺が「悪」かというと
そうとも言い切れない
メンバーの
A子さん
自殺した
けど
作業所の
施設《しせつ》長さん
いつも周りの人の悩《なや》みを
聞いてあげる人でね
しんどかったら
何時《いつ》でも
電話してきて！
ありがとう
A子さんが
生前に書いた文
生きたいから
生きづらいと
死にたくなるん
だよ
ハーモニー
『幻聴妄想かるた』
人に優しく
生と死を深く考え
よりよく生きようと
努力してた…

限界まで
生きたんだろう
身体の寿命《じゅみょう》が
あるように
精神の寿命も
あるのかもしれない
ところで現在（2020年8月）は
コロナ禍《か》
ステイホーム
3密
ソーシャル
ディスタンス
ひきこもりが
良しとされ
価値観が
ひっくり返って
病気だった人が
元気になったり
健康な人が
不安定になったり
しているらしい
ひきこもりの人が外に出たり．
孤独
つらい
人は
環境《かんきょう》によって
変わる生き物
そんなわけで今は自分で全部
決めないで環境に流されてみたい
と感じている
登山行かない？
面倒《めんどう》くさいけど
行ってみよう
かな
行くわ

水谷緑 Mizutani Midori

神奈川生まれ。２０１４年、『あたふた研修医やってます。』（ＫＡＤＯＫＡＷＡ）でデビュー。「月刊！スピリッツ」（小学館）で精神科が舞台の漫画『こころのナース夜野さん』（1～2巻）連載中。著書に『男との付き合い方がわからない』（大和書房）、『精神科ナースになったわけ』（イースト・プレス）、『カモと犬、生きてる』（新紀元社）、『32歳で初期乳がん、全然受け入れてません』（竹書房）、『大切な人が死ぬとき　私の後悔を緩和ケアナースに相談してみた』（竹書房）、『まどか26歳、研修医やってます！』、ニッポン放送アナウンサー・吉田尚記との共著『コミュ障は治らなくても大丈夫』（ＫＡＤＯＫＡＷＡ）等。

12

Q. 死にたいと思ってはダメ?

「死にたい」人はすでに戦っている

東京自殺防止センター電話相談員
村《むら》明《あき》子《こ》
さくらまい

いつも「生きる」をおすすめされてしまう

「教えてください。私は死んだ方がいいの？　それとも生きている方がいいの？」

私は、自殺を考えている人の悩《なや》みを聞いてきた。生きるか死ぬかの戦場から、挑《いど》むような声だけが届く。私は日常から一気に戦場に足を踏《ふ》み入れようと腰《こし》を上げる。相手はこちらをうかがっているのか、姿を隠《かく》したままだ。

自分の存在をかけた重い問いかけに、私は答えを出すことができない。だから、せめて応えようとジタバタする。

「それって……。死にたいって言ってるみたいだね。今生きてることが、あやふやな感じというか。生きるか死ぬか、見も知らない人に決めてほしいっていうことなの？」

「だって……私なんか死んだ方がいいに決まっているから……」

こんなやり取りをしているうちに、悩みを抱《かか》えた人は、少しずつ茂《しげ》みから姿をあらわしてくる。傷をいくつも抱え、やっとやっと立っている。

「生きる・死ぬ」このことは、人間にとって厳粛《げんしゅく》なものであることは誰《だれ》も疑わないだろう。だけど……「死にたい」生きられない苦しみを、どれだけの人が厳粛な気持ちだと受けとめるのだろうか。

話はこれからだ

「死にたい」と誰かに話したり、ＳＯＳを出すのは、自分の存在を太陽の下に持ってくるチャンスなのだと思う。

死にたくて死にたくて、でも死ねない。生まれてこなければよかった。そんな悩みが頭から離《はな》れず、絶えず苦しみを強いられる。

それなのに、いつも「生きる」をおすすめされてしまう。「死にたい」を外に出して薄《うす》めることすら許されない。「死にたい」とか（話すつもりがなくても）つぶやいてしまうと、入り口でシャットアウトされてしまう。

「死んではだめ」は残酷《ざんこく》な言葉だ。永遠に苦しめとでもいうのか。

結局、ＳＯＳは相手に届いたのか、それとも空中分解してしまったのか。苦しいと打ち明けるには信用できる相手が必要だ。

話はこれからだ。「死にたい」は今、自殺するのと同じじゃない。中身を聞いてくれと叫《さけ》びたい。

本当の戦いはそのあとだ

好きな音楽を聴《き》く。ＳＮＳに書き込《こ》む、死にたいって思う人がたくさんいると確認する。大声でわめく。自分を傷つけることも。全部、生きていることを確かめるためではないか。

そして、ほんのひととき、気持ちが緩《ゆる》くなるかもしれない。

けれど、そのあと自分一人になる。本当の戦いはそのあとだ。

「死にたい」と思っちゃダメなの？

「つらくなると死にたいと思ってしまう、こんなダメな自分が嫌《いや》でたまらない」

「死」はいつも特別扱《あつか》い。だいたい悪い方に扱われる。食べたい、遊びたい、寝《ね》たい。これってみんな理由があって……したくなる。

「死にたい」も同じ。「あなたの生きる」を応援《おうえん》する度合いが少なければ、「生きたい」と思うのは難しくなる。死にたいと思うのは当然だ。

死にたいと思うことで自分を責める理由はどこにもない。

「死にたい」にその人の歴史あり

誰も好き好んで死にたいとは思わない。いろいろ重なって生きる意味なんて、これっぽっちも見えなくなり、「死」がとても近くなる。

それに、「死にたい」のまわりにはいろいろある。寂《さび》しい。むなしい。生きる場所がない、誰にも必要とされない、恨《うら》みがある、将来の不安、頑張《がんば》り続けなければいけない。病気がつらい。そんなことが続く。永遠に続くような苦しみに、出口が見えない。そんななかで望むわけでもなく、やっとやっと一日を生き延びている。

死にたいと思っていても、生きる方法があれば生きたい、何とかしたい、でもできない。そんな自分が嫌い。そんな現実を生きるのは耐《た》え難い。死にたくなるだろう。死にたい思いが続いても、誰がその思いにつきあってくれるというのか……。孤独《こどく》な戦いを、ずっとあなたは続けている。

そして、周りの人には、その歴史が見えない。「自殺したい」という言葉だけが耳に残る。だから、死んだらだめだと言うのかもしれない。でも、「死にたさ」というもの

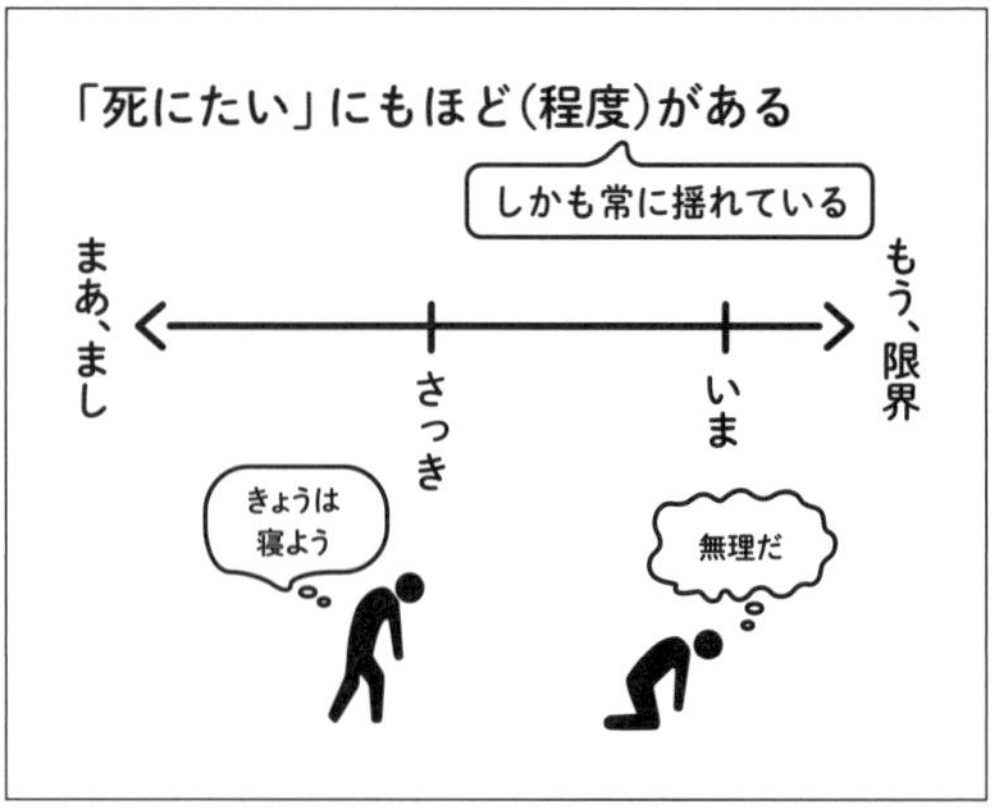

を少し理解しようとせずに死んだらだめなんて言われたら、余計死にたくなることは、そんな人たちにはなかなかわからないだろう。

「死にたい」は、そんな苦しさの逃げ場なのかもしれない。休みたい、自分でいられない、疲れた、助けて、死にたいけど生きたい……。

いろいろな意味が込められている。

生きたいと死にたいの間で揺《ゆ》れてる

１００％死ぬことしか頭にないという人もいる。

それでも心はいつも揺れ動く。今日はもう耐えられないというときと、少し「まし」で、とりあえずやり過ごすことができるときと。いつも心の中に、むき出しの傷かかえて、痛みも感じないときもあれば、血を見て安心するときもある。一息つけるときは、とりあえず一息つきたい。

もっとずうずうしくいられたら

死にたいという凍《こお》りついた気持ち、その中身を自分一人きりで見ることはなかなか難しい。だからからだ全体をぐるぐるまわって、「死にたい」が鳴り続ける。

「死にたい」ざわつく心でいるのに、普《ふ》通《つう》の顔して学校に行く。作り笑いを盛って、悟《さと》られないように過ごす。本当はそんな余《よ》裕《ゆう》なんてないのに。誰にも迷《めい》惑《わく》をかけたくない。だいたい自分なんかどうでもいい、自分を縛《しば》りにしばる。自分中心に考えられなくなる。

「死にたい」ときのお守り

死にたいと思い続けているのに、朝が来る。また今日もはじまる。絶望が毎日ふえる。前向きになれるわけがない。

もしも、そんな絶望や苦しみを私が聴くことができたら、「自信を持って死にたいって思っていい、そのままでいいよ」って言いたい。

あなたが自分の死を語るなかで、あなたの気持ちにあなたが触《ふ》れる。そのときに、隣《となり》にたたずみたい。

「死ねる」と思うから生きられる。こう言われたことがある。「死ねる」はお守りになるときもある。

死にたい人はいつも戦っている

死にたい人はいつも戦っている。死にたい気持ちと生きたい気持ち、あるいは死ねない現実と。

戦士に必要な部隊（仲間）や休養や、補給もなかなか得られないなかで孤独な戦いを続けている。戦いが長引くにつれ、もはや勝ち負けの意味さえわからなくなっているかもしれない。

死にたい気持ちの戦場を渡《わた》り歩いて疲《つか》れ切ったあなたは、それでも今、何とか生き抜《ぬ》いている。苦しみ続けた人しか持つことが許されない力がある。

そんななかで、今生きているだけでも、すごい。あなたの健闘《けんとう》をたたえる。あなたを誇《ほこ》りに思う。

村明子 Mura Akiko　**さくらまい** Sakura Mai

ＮＰＯ法人国際ビフレンダーズ東京自殺防止センター電話相談員。匿名の電話相談をメインに、自殺を考える人の悩みを聞いている。
同団体のあゆみは、１９７８年、「関西いのちの電話」で活躍していた西原由記子氏が大阪にて「大阪自殺防止センター」を設立したことから始まった。１９９８年、西原氏が上京し、「東京自殺防止センター」を設立。１９９９年、自殺者遺族のつどい「エバーグリーンの集い」を開設。２００８年、認定ＮＰＯ法人として認可される。

Q. 理由もなく不安になってはダメ?

13

不安に襲《おそ》われたら、身体の味方をしてみる

精神科医
斎《さい》藤《とう》環《たまき》

みなさんは、理由もなく不安になることはありますか？　いじめられているわけでもない、家族ともうまくいっている、勉強もそれなりに……。それなのに、どうしようもなく不安でたまらない。死にたい。これを読んでいる方たちのなかに、そんな風に感じたことがある方もいるかもしれません。

これから、不安や死にたい気持ちに襲われたときにやってみてほしい2つの対処法についてお話ししてみます。もちろんそれですべてが解決するわけではありません。ただ、「こういう考え方もあるんだ」と頭の片隅《かたすみ》に置いておいてくれたら、うれしく思います。

わたしは精神科医として、10代の子も成人した大人も診察《しんさつ》しています。

もちろんいろいろな人がいるので、一概《いちがい》には言えませんが、大人が「死にたい」「不安だ」という気持ちを持つ場合、なにか理由や原因があって、そのことによって「死にたい気持ち」＝希死《きし》念慮《ねんりょ》が生まれているケースが多いです。いっぽう、若い患者《かんじゃ》さんの場合、不安や「死にたい気持ち」の原因がわからない、あるいはないというケースがたくさんあります。

なかには背景に大きな悩《なや》みやストレスが隠《かく》されているのに、大きすぎて本人も認識できないというケースもありますが、本当に原因がない、わからない場合もあるのです。

この理由のない「不安」や「死にたい気持ち」がよりいっそうつらく感じる理由のひとつに「時間の感覚」があります。この苦しみが永遠に続き、終わりがないように感じてしまう独特の時間感覚です。

みなさんは大人に悩《なや》みを相談して、「若いうちだけだよ」とか「大人になれば大丈夫《だいじょうぶ》だよ」とか言われた経験はないでしょうか。もちろん、実際に成長するにつれて、苦しい気持ちが軽減し、いつのまにか消えていた……というケースはいくらでもあります。でも、「永遠に続くかもしれない」と感じている人にとっては、「時間がたてば大丈夫だよ」といわれても何の慰《なぐさ》めにもなりませんよね。「永遠に続くかもしれない」と感じる人は、「今、この瞬間《しゅんかん》」を懸命《けんめい》に生きているのです。「今、この瞬間」を必死に生きている人にとっては、たとえ１カ月先のことであっても、永遠にやってこない未来のように感じるはずです。

では永遠に終わりが見えない、つらく苦しく、不安で死にたい気持ちに襲われたとき、どうすればいいでしょうか。

まず１つ目の方法です。ひとまず、その気持ちを何かの方法でアウトプットしてみてください。自分の身体の外に出してみてください。誰《だれ》かに話すのももちろんいいですが、ちょっとハードルが高いかもしれません。その場合は、紙とペンを用意してみてください。あるいはスマホのメモでもいいです。そこに今感じたままの自分の気持ちを書いてみてください。そして次はその書いた気持ちを声に出して読んでみてください。

そうやって一旦《いったん》、自分の身体の外側に気持ちを吐《は》き出すだけでも効果があります。そうやっているうちに原因が見えてきたり、原因がわからなくても、自分のなかにある別の気持ちに気が付いたりする場合があります。


誰かに話すことができる場合は誰かに話してみるのもひとつの手です。「相談」というと何かおおごとのように感じるかもしれませんが、解決はしなくていいのです。とにかく自分の身体の外側に気持ちを出すのが目的なので、ただただ話すだけでいいのです。

話してみないとなかなかわからないかもしれませんが、否定してきたり、説教してきたりしそうな相手には話すのはやめておいたほうがいいかもしれません。黙《だま》って聞いてくれる人がいればいいですが、ひとまず紙やスマホに書き出してみるのも有効です。

不安や死にたい気持ちで頭がいっぱいになっているときは、何度考えても、同じ結論に達してしまいがちです。沼《ぬま》にはまり込《こ》むようなもので、自分でいくらがんばっても、どうしても「死にたい」という結論になってしまうのです。そういう沼にはまり込まないために、自分の考えを表現したり、外に出してみたりしてください。

では、2つ目の方法についてです。それは「身体の味方をする」ことです。

どういうことでしょうか。まず、「死にたい」という気持ちですが、この気持ちは観念的なものである場合が多いです。観念的というのは、具体的な事実に基づかないで頭の中で組み立てられたもの……という意味です。

実は「死にたい」という気持ちは、頭の中だけで組み立てられたものがほとんどです。どういうことかというと、気持ちは死にたがっているけど、実際の自分の身体は死にたがっていない、ということです。「死にたい」という気持ちは身体を巻き込んでいないのです。

もっと具体的に説明してみます。「死にたい」と思っていても、たとえば何か好きなものを食べたら「おいしい」と感じる。あるいはお風呂《ふろ》にはいったらくつろいだ気持ちになる。冷たい水で顔を洗ったら気持ちいいと思う——。こういう反応がある場合、身体は死にたがってはいないことになります。

さきほども申し上げたように、不安や死にたい気持ちでいっぱいになっているときは、なかなかそこから抜《ぬ》け出《だ》すことができません。どんなに頭で考えても、自分がダメであることや自分が嫌《きら》いである根拠《こんきょ》、あるいはそれを強化する理屈《りくつ》を見つけてきてしまうのです。考えても考えても、「死ぬしかない」という結論にたどり着いてしまい、堂々巡《めぐ》りになってしまいます。

その堂々巡りを一旦脇《わき》に置く方法が、身体の感覚に着目し、身体の味方をしてあげることです。なんでもかまいません。身体が気持ちいい、心地いいと感じることをためしてみてください。散歩をする、おいしいものを食べる、ぬるめのお風呂にゆっくりつかってみる、マッサージをする、などです。眠《ねむ》ることでリセットできる場合もあります。

堂々巡りを一旦やめることができれば何でも構いません。

そういう意味では、多少の痛みも有効です。自傷行為《じしょうこうい》を行う人も、身体が傷つくとその痛みで一瞬「死にたい」という苦しい気持ちから解放されるからやっていることも多いです。もちろん自傷行為は身体が傷つきますし、万が一の事故もあるので絶対におすすめはしません。ただ、実際には身体が傷つかない範囲《はんい》で、少しの痛みを与《あた》える方法はあります。

たとえば氷を握《にぎ》りしめたり、輪ゴムを手首にひっかけてパチンとはじいたり……。痛いと感じるけれども傷は残らない、そんな方法で身体を刺激《しげき》すると、その刺激が「死にたい」という堂々巡りから気持ちを切《き》り替《か》えてくれるスイッチになるのです。

なにか不必要になったものをめちゃくちゃに壊《こわ》すとか、カラオケで大声を出すとか、深呼吸するとか、やわらかい毛布のようなもので全身を包まれてみるとか……。

いろいろな回路で身体を刺激してみてください。そうすることで、身体が死にたがっていないことを確認してみてください。

それでも「死にたい」気持ちがどうしようもなくなったとき、病院を受診《じゅしん》するのもひとつの手段です。不安障害やうつ病、摂食《せつしよく》障害などの心の病が隠《かく》れている場合もあるので、治療《ちりよう》を受けてみるという選択肢《せんたくし》もあります。

ただ、日本の精神医療は主に薬物療法が中心になっていて、話や悩みを聞いたり、性格面でのアドバイスをしたりといったことはあまりなく、薬を処方して終わりという精神科医も少なくないのが現状です。場合によっては説教をしてくるひどい医師もいたりするので、病院が必ずしも安全とは限りません。よく調べてから、先に家族の方に受診をしてもらって、どんな医師なのか、あるいはどんな治療方針なのかを確認してもらうのがベストかもしれません。万が一、説教をしてくるような医師に当たってしまったとしても、その医師がすべてではありません。相性もありますので、「どうせ病院に行ってもだめだ」とあきらめないでほしいな、と思います。

「気持ちをアウトプットすること」「身体の感覚に着目すること」、この2つは病院での治療の有無にかかわらず、実践《じつせん》できることです。どうしようもなくつらくなったとき、この話をふと思い出してみてください。

斎藤環 Saito Tamaki

１９６１年岩手生まれ。筑波大学医学医療系社会精神保健学教授。筑波大学大学院医学研究科博士課程修了。医学博士。爽風会佐々木病院等を経て、現職。オープンダイアローグ・ネットワーク・ジャパン（ＯＤＮＪＰ）共同代表。思春期精神医学、病跡学が専門。著書に『社会的ひきこもり　終わらない思春期』（ＰＨＰ新書）、『思春期ポストモダン　成熟はいかにして可能か』（幻冬舎新書）、『世界が土曜の夜の夢なら　ヤンキーと精神分析』（角川書店）など多数。

Q. 理由もなく
不安になっては
ダメ？

14

不安とは他者である

ライター　小《お》野《の》ほりでい

不安に襲《おそ》われがちな人にとって、それを軽減するために重要なことは、まずそれが「本能的な」感覚ではないと理解することではないでしょうか。私たちはたいがい、不安を自分の生命の危機を意味する信号のようなものとして受け取っています。しかし人間は不安に襲われると、自分の生命を犠《ぎ》牲《せい》にしてでもそれを解決しようとする場合があります。つまり、不安は生命を守るために役立つ「本能」のようなものではないということです。

私たちが不安を感じる条件が揃《そろ》う場面の例として、誰《だれ》かがあなたに「こうすべきだ」

と言っていて、それでもあなたはそうできないか、実はしたくないと考えている、という状況《じょうきょう》を思い浮《う》かべてください。たとえば、子どもがデザイナーになりたいと考えていて、それでも親は「そのほうが安心だから」と家業の豆腐屋《とうふや》を継《つ》ぐように求めている場合はどうでしょうか。子どもはこのとき、親の言うように豆腐屋になることにも、言いつけを破ってデザイナーになることにも恐怖《きょうふ》を覚えることになります。

豆腐屋になる場合、この子どもは自分自身に対して、親と一緒《いっしょ》になって本当の希望を隠蔽《いんぺい》してしまっているという罪悪感的な葛藤《かっとう》に襲われます。またデザイナーになるというのも、親の言う「安心」の条件を満たせていないという不安を催《もよお》します。誰かの言うとおりにしないこと、つまり自分で判断することは常に不安を伴《ともな》います――このために、不安を避け続ける人はずっと誰かの言うとおりにしなければならなくなることに気付くでしょう。

ところで、ここで例に豆腐屋を出したのはふざけているわけではありません。言うまでもなく、商店街で豆腐屋とデザイナーのどちらが安定した生活を送れるかは時代や環境によって変わるため、どちらを選ぶべきかについては本人が判断するしかありません。

しかし、親にとっては自分の今までやってきた、よく知っている稼業《かぎょう》のほうが「安心」だというイメージがあります。この「安心」に対するイメージは各個人によってばらばらで、言ってみればそれぞれの主観によって構成されたフィクションのようなものです。身も蓋《ふた》もない言い方をすれば、人間は意味もなく生まれて意味もなく死んでいくという、非常に不安定な存在なので、様々なフィクションを通じて自分たちを「安心」させる必要があります。社会や文化は、その「安心」を表現するために形成されます。

　さて、主観によって構成されているといえば、その最たるものが人々のめざす幸福です。幸福の大きな問題は、人によってその基準が異なること――つまり、どのようにすれば幸福になれるというふうな一般化《いっぱんか》が不可能だということです。言《い》い換《か》えれば幸福は、誰かが言う条件を完璧《かんぺき》に満たしても結局は自分では満足できない、あるいは不幸でさえあるということが起こり得ます。

　このことは、どのようにすれば幸福になれるかについて、それぞれの人間が考え、決断し、その結果に責任を持たなければならないことを意味します。ほとんどの人は、そのようなリスクを負うよりも、もっと一般化された幸福の基準――よい大学に行って大きな企業《きぎょう》に入る、結婚《けっこん》して子どもを生む、お金をたくさん稼《かせ》ぐ――こういった「他人の言う幸福」を目《め》指《ざ》します。私たちが一般化された基準に従うことを好むのは、自分で判断した場合のように責任を持たなくてよい――つまり、そのようにするのは間《ま》違《ちが》っていると言われたとしても、そのようにしたが幸福にはなれなかったとしても、自分ではなくそれを勧《すす》めた誰かのせいにできるためです。

しかし、一般化された幸福の基準は、第一にそれを満たしても主観的には幸福になれるとは限らないという問題、第二にそれが実際の自分の希望とかけ離《はな》れていたときに激しい葛藤を引き起こすという問題を抱《かか》えています。一般化された幸福の基準を重視する人は、本当にそうなりたいと希望しているというよりも、その基準から溢《あふ》れ落ちることを恐《おそ》れている状態にあります。言ってみれば、「人と違《ちが》うのが嫌《いや》だから」とか「不安になりたくないから」という消極的な理由で自分の希望を決めているのです。

一般化された幸福の基準に従っている人は、自分がそうしたいからではなく、「多くの人がそうすべきだと考えているから」という理由で行動を選択《せんたく》します。この人たちは、自分の意志や主体性によって選択し、その選択に責任を持っているわけではないので、「多くの人」が言うように行動し、それでも満足が得られなかった場合には、その責任の所在を他人に対して求めます。上に挙げた3つの例では、大きな会社に入る、結婚して出産する、お金をたくさん稼ぐ――どれも、めざしている場所は「安心」、すなわち不安からの解放です。この「安心」とは、先述のように自分で考えたストーリーであったり、幻《まぼろし》のようなものに過ぎず、いくら接近しても辿《たど》り着くことはできません。不安には底がないのです。

たとえば、結婚して家庭を持つ／出産することが幸福の条件だと強くプレッシャーをかけられた人がいるとします。この人は、自分ではそうしたいとも、あるいは本当にそれが自分を幸福にしてくれると思っていなくても、世間が、あるいは親がそう言うのなら、と考えて妥協的《だきょうてき》にその選択をします。運がよければ、それで幸せになれるかもしれませんが、自分で決めたことではないので、そうはならない場合があります。「結婚して子どもができれば安心だ」と半ば義務的に考えていたのに、実際には新たに子どもという不安の種が増えてしまうわけです。

子どもがいれば幸せになれる、子どもがいれば安心できると考えていた親は、当然子どもが幸せや安心をくれると期待するので、思うようにならないことに苛立《いらだ》ち、子どもや周囲に対して「どうしてあなたは（義務を果たした私に）それをくれないのか」と責め立てます。自分の判断の責任を誰かに預けてしまった人が、自分の幸不幸に責任を持てるわけがありません——そこで、思うようにならなかった結果に対して別の誰かに責任を求めるのです。

不安について、もうひとつ触《ふ》れておかなければならないのが内在化の問題です。内在化とは、誰かの言っていたことがいつの間にか自分の考えになっていて、しかも自分ではそのことに気がついていないという状態を指します。

私たちは、幸福とはこのようなものである、とか、私があなたにこう言うのはあなたのためを思ってである、というふうに「自分と他人の区別がついていない」人に言われることがあります。このとき、そんな考えは馬鹿げているとか、自分はそうしたくないと思っても、その「考え」は頭の中に残り、「そのようにしなければならないのかもしれない」という無言の観念となって滞留《たいりゅう》し続けます。

　こうすれば幸福になれる、こうすべきだという言葉は、逆に言えばそうしなければ不幸になるという呪《のろ》いの言葉でもあります。不安に襲われるとは、常にこのような状態――つまり、誰かがすべきだと言っていることを自分はできていないのではないか、そして自分が不満足であるのはそれをしていないせいではないか、という「呪い」に意識が裂《さ》かれたような状態と考えることができます。

　何度も言いますが、幸福の基準は人によって違うもので、ある人が幸福と考えているものが他の人にも当てはまるとは限りません。というよりも、基本的には当てはまらないと言ってよいでしょう。それでも、私たちが他人の言葉を気にかけるのは「あなたはこうしないと幸せになれない」という呪いが既《き》成事《せいじ》実《じつ》化の機能を持っているためです。

　たとえば、「結婚しないと幸せになれない」と繰《く》り返し言われた人は、自分ではそうしたいと思っていないことを自覚していたり、馬鹿げていると頭では分かっていても、ふとした瞬間に「自分が幸せでないのは結婚していないからではないか」とか「結婚できない私は幸せになれないのではないか」という不安に襲われます。そして、後になって「あの人が言っていた通りだ」と考えます。実際には、結婚して不幸になる人もいれば、一人のほうが幸せでいられる人もいますが、このような呪いの言葉は、一般化された幸福の基準に従わない人や少し疑問をもっている人に不安を植え付けることで、結果的にそういう人たちを不幸にし、後付けで「正しかった」ことになってしまうのです。

これらをふまえると不安とは、（他者による）何らかの基準を満たさない自分を「自分が」責めている状態と言えるでしょう。不安に襲われている人は、自分を責めているのが他でもない自分だと自覚することができません。この人は、意識の深層にまで入《はい》り込《こ》んだ「あなたはこうしなければならない」という観念と、知らない間に一体化し、自分自身を攻撃《こうげき》しているのです。このとき勘違《かんちが》いしてはならないのは、不安は何らかの「正しい価値観」に従わなかったから起こっているのではなく、単に内在化された価値観と自分自身が不適合を起こしているということです。私たちはこのとき、分裂《ぶんれつ》したふたりの自分——ある価値観に本当は馴染《なじ》めない自分と、それを責めたてる自分——のどちらにつくべきかを決めることができるのです。

　幸福にはいくつかのステレオタイプがあり、私たちは常にその幻影《げんえい》を押《お》しつけられて生きています。自分の生活がステレオタイプから外れていると感じたとき、私たちは不安を感じたり、時には死にたいとさえ感じるかもしれません。しかし、私たちはばらばらの感性を持った人間であり、どのようにすれば幸せになれると定式化することはできません。幸福も不幸も自分がどう感じるかという主観的な問題でしかないからこそ、自分に自信のない人は他人に対して幸福を「証明」しなければならないと考えます。こういった人たちのために、「幸せとはこういうものだ」というステレオタイプが形成されるのです。人と同じでないことや、人と違う望みを持っていることに不安を覚えたときには、このことを思い出してください。

小野ほりでい Ono Holiday

ＷＥＢメディア「オモコロ」出身のネットライター。ためにならない記事を書いて生活している。

15

Q. 自分を好きにならなくちゃダメ?

「いいね!」から自分を守る「軸《じく》」

YouTuber 整形アイドル轟《とどろき》ちゃん

可愛い女の子の自撮《じど》りがツイッターでバズっているのを見て、あなたはどう感じますか。「適当に撮った」という旨《むね》の文が添《そ》えられた写真一枚。それが数万人の心を動かし、ハートを押《お》させる。「顔が可愛い」というスキルだけで、お金や時間をかけて作った作品のいいね数を楽々飛《と》び越《こ》えていく。1万、2万、3万と……爽快《そうかい》だが、理不尽《りふじん》でもある。

今の私はそれを見て、「やっぱり世の中ってそんなもんだよな」という「諦《あきら》め」を感じる。可愛い女の子が嫌《きら》いなわけではない。美しいものは賞賛されるという、この世の中の「外見主義思想」にため息をつくのだ。また、女の子本人に対して「ムカつく」とか「羨《うらや》ましい」と感じる人もいるはずだ。「何者にもなれない自分」と「生まれながらにして秀《ひい》でたものを持っている誰《だれ》か」との差を、数字でまざまざと見せつけられるのだから。人間的な負の感情も湧《わ》いてきて当然だ。

でも、そもそも「いいね」って何の数字なのだろう。受け取って悪い気持ちになる人などいないだろうが、集めて何になるのだろう。その数字って、なぜ欲しくなるのだろう。

私は整形総額１０００万円のYouTuberだ。鼻の整形で２００万円の借金を抱《かか》え、その足しになればと始めた動画活動が本職になった。そして今、再生数だのチャンネル登録者数だの「いいね」だの、色々な数字に支えられながら生きている。ここ数年、数字には何度も何度も悩《なや》まされた。数字が下がれば収益は下がるし、これからの仕事も減る。調子の悪い時期は、必死で動画を撮っても、数字がどんどん自分を追《お》い込《こ》んでくる。友達の動画の再生数と比べてしまう。毎日ゴリゴリにメンタルが削《けず》られた。視聴者《しちょうしゃ》さんに楽しんでもらいたい。同じ悩みを持っている人と話がしたい。そんな気持ちとは裏腹に、数字という現実が24時間休むことなく成果を発表してくる。こんな苦しみもあるんだなぁ。「責任」という言葉の意味を正しく理解したのはこのあたりだった気がする。

しばらく数字の世界で生きていると、処世術がわかってきた。まず「数字を見ない」という選択肢《せんたくし》を取ってもいいということ。自分の数字と向き合いすぎると壊《こわ》れてしまうときもある。だから、そういう時は一旦《いったん》数字から距離《きょり》を置く。私は調子が悪いときは、結果は見ないようにし、次の動画はもっと面白くするぞ！と、モチベーションを上げることに尽力《じんりょく》する。次に、数字＝自分の価値だと思わないこと。再生数もいいね数も動画の感想のひとつであって、製作者の価値をそのまま反映したものではない。数字が下がると途《と》端《たん》に自分が価値のないもののように感じて凹《へこ》んでしまうこともあるが、それは間《ま》違《ちが》いだ。次に、他人を羨んだり嫉《そね》む感情を抱《いだ》いたりすることは悪ではない、とわかっておくこと。「数字が上のあの子が憎《にく》い」と思ったとしても、口に出さなければ現実的には無いのと同じこと。私はどんどん嫉妬《しっと》するし、負けるもんかって思うし、勝負したりもする。もちろん頭の中で。これをわかっていないと、「人に嫉妬している自分」がみっともなくて嫌いになってしまう。

　そんな風に戦い続けるうちに、定期的に数字に縛《しば》られていた私だが、ずっとその縄《なわ》を放すことができるようになった。「この動画、流行じゃないし再生数は回らないかもしれないけど、自分で作っていてすごく楽しかったし面白いからアップしよう」と、他人の評価を受け取る前に自分の評価で行動することの楽しみを覚えたのだ。もちろん数字も大切だけど、バランスよく、自分の「軸」を作っておくことが大切なのだと、数年かけて知った。ある程度は自己満足の世界なのだから、結構自分勝手にやっちゃってもいいものだ。

「いいね」が多いと、なんとなく特別感がある。たくさんの人に見られて、認められて、承認欲求が満たされて。でも人生も十人十色、他の方法で認めてもらう方法もあれば、自立して、誰にも支えられず生きてもいける。いいねの数も大切だけど、それは他人軸で認められたか否《いな》かの話。自分軸で生きよう。すると、他人軸の数字を俯瞰《ふかん》的に見られる。数字が苦しくなくなる。自分の努力の過程を、自分で認められるようになる。

でも、数以外で「特別」を見つけるのってすごく大変だ。「私って何にもなれない」「やりたいことも特技もない」という絶望。そして「特別」を欲して考えようとすれば考えようとするほど、きっとありふれた「大衆の願望」に辿《たど》りついてしまう。「みんなとは違《ちが》う仕事がしたい」とか「縛られず生きていきたい」とか、特別な発想のようでたぶん多くの人が思っている珍《めずら》しくもない願望。叶《かな》えられそうなのに手が届かない。私もそんな想いを抱いて、悩んでいた時期があった。

きっと「特別」って顔が可愛いとか、仕事が特殊《とくしゅ》とか、自由とか、いいね数が多いからとか、そんなことではないと思う。それこそ他人の評価だし、人間の価値はそこで測れない。自分がやりたいことをやって、努力して、その過程で自分を好きになって、自分に自信がついて、自分という「この世に一人だけの理解者」を味方に付けるのが、一番いい。ブレない自分軸を持てる。それはもう「特別」ではないだろうか。

　私の場合は自信を持てるきっかけになったのがYouTubeだったが、本当になんでもいい。とにかく自分の興味とか「好き」の気持ちに敏感《びんかん》になって、そこに挑戦《ちょうせん》して、自分が認める自分になれればいい。嫌《いや》なものは「見ない」努力をする。自信がつくと数によるダメージもだいぶ減るし、自然と周りと自分を比べなくなっていく。競争から抜《ぬ》けた世界は本当に楽しい。自分の好きなものだけを身につけて、嫌な意見にも合わせず、好きな自分で生きていく。

「生き方」って正解がないから難しい。「賞賛を受けたいとも思わず着実に出世し平和な家庭を築きたい」と思う人もいる一方で「なんかラッキー見つけて億万長者になるんだー！」と思う人もいる。仕事も千差万別。そんなカオスな世界で、容姿も技術も学力も何もかも、周りと比べられ評価されるのは仕方のないこと。その環境《かんきょう》が辛《つら》かったり、その評価のせいで自分に価値が感じられなくなったりした人に、一番してほしいのは休むこと。そして好きなものに触《ふ》れること。「これができたら私、自分のこと好きになれるかも」と感じたものを見つけること。そうしたらあとはそれに没頭《ぼっとう》すること。「自分が好きな自分」を育てる。別に自分のすべてを好きになる必要はない。「自分のここは好き」という部分を大切にできればいい。それが「特別」になり自分軸になる。ブレない自分の基礎《きそ》ができる。これだけでだいぶ楽だ。そしてこれをまた一生かかってどんどん強くしていくのだ。

　きっとこれから色々なことがある。色々なことを学ぶだろうし、きっと理不尽《りふじん》なこともある。自分軸は、それらをきちんと捌《さば》くことも、必要であれば吸収することもできる。ブレない強い軸であればあるほど、柔軟《じゅうなん》に対応してくれる。容姿を比べられて凹んだとき、いいね数で負けたとき、テストで順位が悪かったとき。今後一生、「自分が好きな自分であること」が鎧《よろい》になる。

整形アイドル轟ちゃん

Seikei Idol Todoroki chan

１９９２年生まれ。YouTuber、アイドル。鼻、瞼、おでこなど総額１０００万円を超える整形の過程をYouTubeで配信し、話題を呼ぶ。テレビ、ラジオ出演など多数。著書に『可愛い戦争から離脱します』（幻冬舎）がある。

Q. 自分を好きにならなくちゃダメ？

16

「太っていて醜《みにく》い私」という呪《のろ》いから解き放たれて

女優・プラスサイズモデル　藤《ふじ》井《い》美《み》穂《ほ》

太っている私がなぜ自信を持てたのか

私はいま、アメリカでプラスサイズモデルと女優の仕事をしています。私の身長は１６３センチで体重は80キロです。それでモデル？と驚《おどろ》きましたか？　プラスサイズモデルというのは、日本では聞いたことがない人も多いかもしれません。アメリカやヨーロッパで人気が出ている新しいモデルのことで、ＬＬ～３Ｌサイズのモデルを指します。アメリカ女性の服の平均サイズはＬＬ～３Ｌなので、自分の体形とは違《ちが》う細いモデルよりも、プラスサイズモデルのほうが身近に感じると、いまや大人気になっているのです。

私はブランドと契約《けいやく》してモデルの仕事をしたり、フォロワーが7万人いるインスタグラムで商品を紹介《しょうかい》したりしています。

今でこそ「デブだから」と卑下《ひげ》することなく、自信をもって自分が好きな服をなんでも着て、インスタグラムに投稿《とうこう》しています。でも、10代のころは、ずっとデブである自分のことが大嫌《だいきら》いでした。では、どうやって今のように自分に自信をもつことができたのか？　ちょっとお話ししてみたいと思います。

小学生のころは自分のことが大好きでした。運動も得意で、友達にも恵《めぐ》まれ、誰《だれ》とでも話せる活発な子でした。

しかし、私立中学に進学するといじめに遭《あ》います。そこから21歳《さい》になるまで、自分のことがずっと嫌いなまま過ごしました。

そして、中学生になると、それまでずっと成長しつづけていた身長の伸《の》びが止まりました。加えて、いじめられてひきこもりがちな生活を送っていたことで体重が増加し、家族や親せきにさえ、「太った」と言われるようになりました。そのときから「自分は太っていて醜いんだ」と思《おも》い込《こ》むようになりました。そして、この「自分は太っていて醜い」という呪いに長い間苦しむことになりました。

学校も休みがちでそのせいで勉強もできなかったため、いじめられても先生は味方してくれません。誰も友達がおらず、話す人さえもおらず、小学生のときの誰とでも話せる社交的な「美穂ちゃん」はどこかに消えてしまったようでした。

このころ私は「今この時点でつまずいているのだから、この先の人生もずっと失敗したままなんだろうな。クラスメイトに嫌われて学校さえ行けない私に、明るい将来なんて待っているわけがない」と毎日考えていました。

そのころからすでに役者になりたいと思ってはいました。高校を卒業したら東京に行って、大学で演劇を学びたい、そして将来は役者として生きていきたい、と考えていました。その夢が、そのころの私を生かしてくれていました。

でも、学校というシステムに馴染《なじ》めない私には、社会に出て演劇をやるのなんて無理なんじゃないか、そんな私は生きてる価値なんてないんじゃないか、と感じていました。大人になった今振《ふ》り返ってみると、すごく極端《きょくたん》な考えだなあと思います。でも、当時の私は真剣《しんけん》にそう考えていました。特に13歳〜15歳のころの私にとっては、学校という閉鎖《へいさ》的な環境《かんきょう》が世界のすべてでした。学校は、大人が生きている社会の縮図で、ここに馴染めなければ、この先の人生でも、どこにも馴染むことができずに死んでいくんだろうな、と絶望していました。人生でこの時ほど、「死にたい」「消えたい」と思ったことはありません。

「今すぐ大人になって、演劇の仕事ができたらどんなに幸せだろう」と考えていました。だけど、現実にはつらい学校での生活をスキップすることなんてできません。大人になるまでのプロセスが途方《とほう》もなく長く感じました。たぶん、大人になる前に私は死んでしまうだろう、そんな風にも思っていました。

それでも私は今、生きています。今後も、生きていたいと思っています。

「死ぬ」という選択肢《せんたくし》が自分のなかで完全に消滅《しょうめつ》したとは言えないかもしれません。それでも、その後の経験から「つらいことはいずれ過ぎ去るものだ」と知り、少しだけ楽に生きていけるようになりました。

その後、中高一貫《いっかん》の学校を退学し、公立の高校に入学し直しました。ここで私はなぎなた部に入部します。部活動に打ち込むようになり、やがてインターハイや国体にも出場するようになりました。そのおかげもあって、絶対に無理だと思っていた演劇を学べる東京の大学にも進学することができました。

大学ではずっとやりたかった演劇に真剣に取り組むことができました。「自分の行動次第で未来は変えていけるんだ」という実感のおかげで、徐々《じょじょ》に本来の明るい「美穂ちゃん」を取り戻《もど》していきました。

それでもまだ、「自分は太っていて醜いんだ」という呪いは解けていませんでした。自分の外見に対する評価のせいで、演劇に打ち込めないこともありました。「見た目でもジャッジされるのが俳優の仕事なんだ。太っていてきれいじゃない私は俳優には相応《ふさわ》しくないんだ」と思ってしまうことも多々ありました。

そんな呪いが解けるひとつのきっかけは、ある演出家の方に出会ったことです。彼《かれ》は私の見た目だけではなく、魂《たましい》そのものを見て演出をしてくれたように感じました。その彼が海外で活躍《かつやく》していることを知り、自分も渡米することを決意したのです。

アメリカは、いい意味でも悪い意味でも日本とは真逆です。私が日本で「常識だ」と思っていたことはすぐに覆《くつがえ》されました。

どんな体型や見た目でも価値がある

ロサンゼルスには、私の外見について、とやかく言ってくる人はいませんでした。外見について一切言及《げんきゅう》されないことで、私の自尊心はどんどん回復していきました。「私が太っていようが、痩《や》せていようが、それは私の自由」。心の底からそう思うことができました。そしてはじめて自分を責めることなく、鏡を見ることができました。

「自分を好きになる」ことは特別なことではなかったのです。私はずっと一握《ひとにぎ》りの美男美女だけが自分を好きになれる、自分のような容姿に優れない人間は自分のことが嫌いなのが普通《ふつう》なんだと思ってきました。でも本当はそうではなかったのです。

　アメリカに来て、プラスサイズモデルになり、「ボディ・ポジティヴ」という考え方に出合いました。わかりやすくいえば、太っていても、痩せていても、どんな体型や見た目でも、ありのままの自分を愛そう、あなたは生まれながらに素晴らしい、という考え方です。この考え方に出合ってから、すべての人にそれぞれの美しさがあり、自分は存在するだけですごく価値がある人間なんだと思えるようになりました。そうやって私は「自分は太っていて醜いんだ」という呪縛《じゅばく》から解き放たれ、自信をもつことができたのです。

「自分を好きになる」ことって、好きに「なる」のではなくて、「もうすでに自分のことが好きである」ことを「認める」作業なのではないかなと思っています。

　誰もが本当は自分の好きなところってあるはずなんです。でも、好きなところを見つけても、もう1人の自分が頭の中で「でも他の子と比べたら大したことない」「でも誰も自分のことなんてカワイイと思ってくれない」と余計なナレーションを付け足していくのです。

私はそんなナレーションは聞く必要がない、自分の思うように自分の価値を決めてもいいんだ、と気づきました。

他人は勝手なことを言います。でもそのひどい言葉も、その人の価値観だけで発せられたものです。世の中には自分を認めてくれる人は必ずいるのです。

その他人の勝手な一言で、あなたの評価を決める必要なんてないのです。あなたの価値はあなたが決めるものなのです。

今、周りの人間が自分の価値や良さをわかってくれなくても、あなたの今いる環境は世界から比べたらちっぽけな空間に過ぎません。

世界は広くて、将来仲良くなる友達、信頼できるパートナー、あなたのファンたちは世界のどこかであなたを待っています。

とくに私は、インターネットがあったおかげでそう思うことができました。

インターネットにはたくさんの人が自分らしさを発信できるプラットフォームがあります。私もそこで、世界中にいる私を好きでいてくれる人たちに出会いました。

世界はインターネットのおかげでどんどん広くて、狭《せま》い場所になっています。


自分の評価は他人と比べるのではなく、昨日の自分と比べるだけ。

他人は自分とはまったく違う道筋を通って今日を生きています。それなのに、他人と自分を比べて落ち込むのはどこか変なことだと思うのです。

私は職業柄《しょくぎょうがら》たくさんオーディションを受けます。オーディションに落ちるたびにいちいち落ち込んでいたら仕事になりません。

私はいつもオーディションで落ちたら「これは今回受かった人のための役だったんだ、私には私の役があるからそれを探すために次に進もう」と思うようにしています。

これは他人の成功や、他人の良いニュースを見たときにもそうしています。

これはこの人のための時間。私は私の輝《かがや》くとき、幸せなときはいつか必ず来るから他人に嫉妬《しっと》するのではなく自分に集中しよう。と。

他人と比《ひ》較《かく》して落ち込むのではなく、昨日の自分を超《こ》えられるように今日も頑張《がんば》る。

かつ自己評価は減点制ではなくて、加点制。良いところをどんどん点数として足していきましょう。

あなたらしいことこそが、あなたの魅力《みりょく》なんです。

藤井美穂 Fuji Miho

１９９３年三重生まれ。女優、プラスサイズモデル、コメディアン。桐朋学園芸術短期大学芸術科演劇専攻卒業。２０１５年にアメリカ・ロサンゼルスに渡り、語学、演劇を学ぶ。その後、アメリカで女優及びプラスサイズモデルとして活動。また、海外通販サイト「SHEIN」のアンバサダーになるなど、多方面で活躍。Netflix『ユニークライフ』、『Crazy Woke Asians』、『ザ！世界仰天ニュース』（日本テレビ）など出演多数。

Q. 自分を好きにならなくちゃダメ？

17

「自分を好きになろう！」という暴力

精神科医 水島《みずしま》広子《ひろこ》

最近いろいろなところで言われる「自分のよいところ探しをしよう！」「自分の好きなところをみつけよう！」という類のメッセージが、私は大嫌《だいきら》いです。「え？」と思われる方もいらっしゃると思うので、説明していきたいと思います。

私は精神科医です。もともと摂食障害《せつしょくしょうがい》（拒食症《きょしょくしょう》・過食症《かしょくしょう》）が専門なので、思春期の方もたくさん診《み》てきました。また、心の平和をテーマにしたボランティア活動（ＡＨ：アティテューディナル・ヒーリング）を熱心にしています。そんな中でとても大切だと思っているのは、「自己肯定感《じここうていかん》」です。

「自分を好きになる」と「自分を肯定する」というのは、似たように聞こえるかもしれませんが、多くの場合に、実は正反対のものなのです。そして、心の健康を守って、人間らしく豊かに生きていくために必要なのは「自己肯定感」の方です。心を病んで治療《ちりょう》を求めて来られる方は、概《がい》して「自己肯定感」が低いものです。

「自分が嫌《きら》い」「消えてしまいたい」と思っている人は、実はとても多いと感じています。私自身にとっても、無縁《むえん》の感情ではありません。そして、自傷行為《じしょうこうい》をする方、「消え方」を日々考えている方の多くが、「自分を嫌い」という感情を持っていることも確かです。あくまでも、積極的に「死にたい」ではなく、もっと静かな「消えたい」なのです。生きづらいときは、消えた方が楽になるように思えるでしょうから、当然ですね。

ですから、「自分を嫌い」と思ってほしいというわけではありません。「好き」「嫌い」を離《はな》れて、自己肯定感を育てていただきたいのです。

ややこしいと思うので、説明していきます。

「自己肯定感」は、「自尊感情《じそんかんじょう》」などとも呼ばれますが、「ありのままの自分を受け入れる気持ち」です。反対語は何かと考えてみると、「自己否定」かな、と思います。

私たちには、いわゆる長所も短所もたくさんあります。長所を見つけられない、と思う方がたくさんいても、実は全くかまわないのです。

「長所」「短所」「よいところ」「悪いところ」は、全部、「条件付き」の発想です。「私は勉強ができるから好き」「私はスポーツが得意だから大丈夫《だいじょうぶ》」「私は忍耐力《にんたいりょく》がなくて何も続かないから嫌い」などと、いろいろあるでしょう。あるいは他人との比《ひ》較《かく》の中で、「あの人はあんなにできるから価値がある。私には価値がない」などと思うこともあるでしょう。

でも、これらの発想の全てが、「何かができる（秀《ひい》でている）から、価値がある」という考えの上に成り立っているのです。そういうものを、「条件付きの肯定」と呼びます。「いい子だから好き」「○○ができるから尊敬している」というのは、あくまでも条件付きの肯定です。

一方、「自己肯定感」というのは、「無条件の肯定的関心」のことを言います。今の自分にはできることもあれば、できないこともあります。そもそもが、それぞれの人が異なる事情をもって生きているのです。生まれつき何をもっていたか（ものすごい天才とか、オリンピック選手などを見ていると、「生まれつき」を軽視することはできませんね。あるいは妙《みょう》に楽観的な性質や、過度に不安の強い性質も）、どういう環境《かんきょう》で育てられたか、周りにどんな人がいたか（例えば、親はどんな価値観を持っていたか）、今までにどんなことを体験してきたか（いじめなどは代表例として無視できません）、今現在、どんな状態か。

世界に生きる一人ひとりにとって、それぞれにしかわからない事情があるのです。

それなのに、その事情によってプラスになったりマイナスになったりすることに、優《ゆう》劣《れつ》をつけられるでしょうか？　今まで大変な事情の中を生きてきた人は、対人不信も強いでしょうし、自分にも自信がないでしょう。そういう人を「劣《おと》っている」と言えるでしょうか？　そんなことはありませんよね。むしろ、「すごい、こんな環境でも生き延びてきてくれたんだ」と思いませんか？

そこまでドラマティックでなくても、それぞれの人が、それぞれの事情によって影響《えいきょう》を受けています。ですから、「○○ができるから……」という条件によって人を評価することと自体が、おかしいのです。

「自分のいいところ探しをしよう！」「自分の好きなところを探そう！」というメッセージは、それらの事情を完全に無視したもののように感じます。

私から見れば、「こんなに大変な事情を抱《かか》えているのに、よくぞ生きてきてくれた」というのが正直な感想です。それは無条件の肯定とも言えます。

ちなみに、「こんなに大変な事情を抱えているのに」と言うと、「もっと大変な人がいるんです。私なんて甘《あま》えているだけで」という反応も多いです。どうして「甘えている」などという発想が生まれてくるのでしょうか？　それも、私の観察からは、実際「甘えていない」人ほど、自分は「甘えている」と言うのです。

「甘える＝自分に優しくする」というニュアンスであれば、甘えることは大歓迎《だいかんげい》だと私は思っています。自分に優しい人は、他の人にも優しくなります。自分に厳しく、他人には優しくしている、という人は、多くの場合「優しくするべき」と思ってやっています。自分に優しくなれれば、他の人に対しても「優しくしたい」と思えるようになるのです。

私が今まで診てきた多くの患者さんが言う「私の甘え」についての話は、私から見れば自虐《じぎゃく》でしかなく、「人間同士なのだから、そのくらい相手を信頼《しんらい》してみればどうですか？」というレベルの話がほとんどです。

本稿《ほんこう》のタイトルに、私は敢《あ》えて「暴力」という言葉を使わせていただきました。なぜかと言うと、「自分を好きになろう」というメッセージは、その人の事情を慮《おもんぱか》ることもなく押《お》しつけられるものだと思うからです。また、自分を好きにならなければ人は幸せになれない、という間違ったメッセージの押しつけでもあります。そういうメッセージを押しつけてくる人は、人間の心を本当に知らないのだと思いますし、その人自身の幸せも疑ってしまいます。

今までのいろいろな事情を考えれば、今の自分はこれでよいのだ、と自己受容しましょう。気に入らないところ、うまくできていないところ、不安定なところもあると思いますが、それも含《ふく》めて、「今は、これでよい」のです。

もちろん、まだまだ若い皆《みな》さんは、これからたくさんのことを学び、体験し、成長していくでしょう。そういう「これから」のことを積み重ねていくためにも、「今は、これでいい」と思える土台がとても重要なのです。

水島広子 Mizushima Hiroko

1968年東京生まれ。精神科医。慶應義塾大学医学部精神神経科勤務を経て、現在、対人関係療法専門クリニック院長、慶應義塾大学医学部非常勤講師（精神神経科）、アティテューディナル・ヒーリング・ジャパン（ＡＨＪ）代表。著書に『自己肯定感、持っていますか？』（大和出版）、『「怒り」がスーッと消える本』（大和出版）、『女子の人間関係』（サンクチュアリ出版）、『10代のうちに知っておきたい折れない心の作り方』（紀伊國屋書店）、『「つい感情的になってしまう」あなたへ』（河出書房新社）など多数。

Q. 他人とうまくやらなくちゃダメ?

18

孤《こ》独《どく》から芽《め》吹《ぶ》くことば

写真家　齋《さい》藤《とう》陽《はる》道《みち》

「聞こえる人」のフリ

ぼくは写真家です。いろんなところへ行って、いろんな人と会って、いろんな写真を撮《と》っています。そして、ろう者です。

社会的には、「重度感音性難聴《なんちょう》」の「聴覚《ちょうかく》障害者」ということになりますが、日本手話で話し、思考する者としての誇《ほこ》りをもって「ろう者」と言っています。

そう思えるようになるまでは長い道のりでした。

十四歳《さい》のとき、ぼくの孤独は極まっていました。

クラスメイトに陰口《かげぐち》を言われたり、無視されたり、ものを盗《ぬす》まれたり。いじめともいうべき状況《じょうきょう》です。

本当なら、人間の尊厳を踏《ふ》みにじられたことに対して、毅然《きぜん》として怒《おこ》ったり、悲しむべきです。ですが、そのとき、ぼくは怒ったり悲しんだりするよりも、「自分を見てくれている」という喜びを感じていました。

今振《ふ》り返ってみても、自分の感情のいびつさにゾッとします。

幼年期は、聞こえる人のように話せるように／聞こえるようになるために、「ことばを教える教室」や家で発音の訓練を受けていました。

時には手を叩《たた》かれ、叱咤《しった》されました。自分では理解できない発音なので、なにがどう合っていて、どう間違《まちが》っているのかもよくわからず、泣きながらの発音訓練でした。

厳しい訓練を経て、小学校に入る前に、教室を卒業します。そのときは「これで聞こえる人のように話せて、聞けるようになれたんだ」と思っていました。

小学校低学年までは、なんとか相手の話も聞こえました。

正確には、聞こえたというよりも、相手や周りの状況を観ながら話の内容を予想していました。低学年のときは、身体ぐるみのコミュニケーションもあったので、言葉だけに頼《たよ》る機会が少なかったことも理由のひとつでしょう。

ですが、高学年になるにつれ、話の内容は難しくなります。どんなに頑張《がんば》っても、相手の言いたいことを予想することは不可能でした。


「どうして手話をつかわなかったの？」と思う人もいるかもしれません。

発音訓練の教室の先生は、母に「手話を覚えると、犬のようになる」と言って手話を禁じました。当時は情報も少なく、ほかにどのような育て方があるかもわからない中で、母はその教えを守りました。

「聞こえる人のようになれることが、なによりも偉《えら》く、価値がある」という思《おも》い込《こ》みがすりこまれ、「手話は聞こえない人のためのことばだから、ぼくには必要ない」と思っていました。

でも、やっぱり、聞こえる人のようにはできません。

先生やクラスメイトが、なにかを言っている。でも、わからない。

「もう一回言って欲しい」と思っているのに、「聞こえる人のように」というプライドが、「わからない」ということばを封《ふう》じます。イエスともノーともうけとれるような曖《あい》昧《まい》なうなずきをして、微笑《ほほえ》みながら、その場をやりすごしていました。……聞こえる人のようなフリをして。

もちろん、そんな小細工はすぐにバレます。

だんだんとすれ違《ちが》ってくる会話。だんだんと減っていく会話。

とてつもなく寂《さび》しかったです。でも、自分で選びとったひとりぼっちであるかのように強がっていました。

「孤独」とは、「周りに自分以外の他者がいない」という単純な状態ではありません。

教室というたくさんの人に囲まれた環境《かんきょう》にいながらも寂しさがつきまとうように、人との関係の真っ最中にあってこそ、よりいっそう厳しく感じられるものが「孤独」です。

ぼくは「今ここにいる」という実感を必要としていました。なので、いじめであっても、それはカラッポなはずの自分を見ているという実感をもたらすものでした。

悲しみや、怒りといった人間らしい感情よりも、まず「ぼくを見ている」という、いびつな喜びが真っ先に浮《う》かんでしまいます。そのあとすぐに絶望的な思いになったりと、感情がもつれあっていました。

消えたいな、死にたいな、そうしたら楽になれるんだろうな、という願いを、一回限りの切り札として大切に抱《かか》えていたことを思い出します。

「なぜぼくはここにいなきゃいけないのだろう」

当時のぼくにとって、教室は生き地獄《じごく》でした。

そんなぼくを救ってくれたのは、ずっと避《さ》けていた手話であり、ろう者でした。

「ことば」が世界を広げてくれた

中学生のとき、年に一回、近くにあったろう学校の生徒たちが交流活動で来ていました。

ろう学校のみんなは、先生も含《ふく》めて、手話で会話をしています。くるくると変わる表情。複雑な手の動き。そうして、ケラケラと笑うみんな。

その様子が、とてもうらやましかったのです。そして、それまで麻痺《まひ》していたかのような心が、動き出すのを感じました。「手話を覚えてはいけない」という、長いあいだ自分を縛《しば》っていた思い込みがゆらぎます。

だんだんと「あんなふうに話せるようになれたら」という願いが、希望のように大きく輝《かがや》きだします。

そのとき、十四歳のぼくは、うすうす感じていた「このまま我慢《がまん》して普通学校に通っていたら、近いうちにぼくは自分を殺してしまう」という恐《おそ》れをいよいよ自覚しました。

そして、「ぼくは聴者にはなれない」という事実を受け止めて、逃《に》げるようにろう学校へと進学しました。

そこで手話と出会います。

避けていた手話といざ向き合ってみれば、「手話」という文字から想像していたような、手を動かすだけの単純な言語ではありませんでした。

手の動きだけでなく、表情や、まなざし、身体の動きまでも意味があり、それらすべてを統合して理解するべき、複雑かつ情緒《じょうちょ》に満ちた言語でした。

ろう学校の仲間たちは、ただ優しいだけではなく、孤独を通過した人たちでした。だから、手話のわからないぼくを、なにひとつ否定することはありませんでした。会話のたびに手話を教えてもらいながら、ゆっくりと時間をかけて、ぼくは手話を身につけます。

「おはよう」

数ヶ月たって、何気ないこの挨拶《あいさつ》が、なんの悩《なや》みもなく言えて、相手からの挨拶もすんなりと伝わってきたとき、ぼくの人生におけるもっとも大きな喜びがあふれました。

ひとたび手話で会話ができる喜びを知ってみれば、ぼくの思っていたことばの世界は「音声」だけに縛られた狭《せま》い世界だったことに気づきます。

もっと、いろんな「ことば」を知りたい。

かつて嫌悪《けんお》していたはずの「ことば」が、一転して、興味の対象となりました。それがきっかけとなってカメラを手にするようになりました。

カメラを使って、ぼくのなかの「ことば」の思い込みを覆《くつがえ》してくれる人たちに出会っていくことになります。

目の見えない人とは、スマホのアプリを使って会話ができました。身体をほとんど動かすことのできない重い病の人とも、文字盤《ばん》や、目で動かすパソコンを使いながら話ができました。

ことばの可能性を広げてくれる人と出会いながら、「ああ、こうやって話をすることもできるんだ」と感動していました。体の芯《しん》が震《ふる》えるような感動は、未知の存在と、世界と、自分を貫《つらぬ》いて、なお深く繋《つな》ぎなおしてくれます。

「ことば」の幅《はば》が広がっていくことがうれしく、いろんな人に出会いながら会話をするついでに写真を撮っていたら、いつのまにかそれが職業となりました。

想像力をもって、いろんな存在が、いろんな形で発している「ことば」を聴き、自分の中にとりいれることができたら、目の前の世界は可能性をもつものとして輝き出すことを痛感しています。

孤独から芽生える「ことば」

悩みのほとんどは、人間関係がもとになっています。お金とか、進学とか、一見そうとは見えないものであっても、その根本を探っていくと「人間関係」に行き着くはずです。

もしも、あなたが、孤独の真っ最中にあるとき、「それでも、あれだけは」という願いを感じたとしたら、それがどんなに小さなささやきであっても、その直感を信じてください。

そして、自分の抱えている孤独を、我慢して突《つ》っぱねることなく、「今、私は、寂しいんだな」と受け止めてください。

なぜなら、人をおかしくさせるほどの悲しみや苦しみ、寂しさを生み出す孤独は、同時に、したたかで、しなやかな生きる力をもたらしてくれる源《みなもと》でもあるからです。

「ことばにがんじがらめになって、人間関係に窒息《ちつそく》しそう」

それでも、それでも……、世界には「ことば」が、いろんな形で満ちています。

人間関係に疲れたなら、身の周りにあるせせこましいことばから、逃げてください。

勇気をもって、時間をかけて、逃げていってください。

逃げたと思った先で、きっと、あなたにとってふさわしい形で語りかけてくれることばをもつ存在が必ずいます。それは人間に限らず、本や、芸術、映画、動物、自然……想像もしたことがない未知のもの……であるかもしれません。

どうか、自分のなかにある「ことば」を大切にしてください。

狭い世界の、少しの人に気に入られることを目的としないでください。

あなたがその「孤独」を受け入れることができたそのとき、あなたの「ことば」に引き寄せられて出会う、未知の「ことば」があります。そこから始まる関わりこそが、あなたにとっての本当の希望となります。

ぼくが伝えたいことは、あなたの孤独の中から芽生える、あなただけの「ことば」が、必ずあるということです。どうか、そのことばを信じてほしいのです。

齋藤陽道
Saito Harumichi

１９８３年東京生まれ。写真家。都立石神井ろう学校卒業。２００９年、第32回キヤノン写真新世紀、飯沢耕太郎選・佳作受賞。２０１０年、第33回キヤノン写真新世紀、佐内正史選・優秀賞受賞。２０１４年、日本写真協会新人賞受賞。２０１３年、ワタリウム美術館で大型個展「宝箱」を開催。主な著書に『感動』『感動、』（ともに赤々舎）、『それでもそれでも それでも』（ナナロク社）、『異なり記念日』（医学書院）、『声めぐり』（晶文社）などがある。

19

他人はほっとくくらいがちょうどいい

漫画家・イラストレーター
やばいちゃん

Q. 他人とうまくやらなくちゃダメ？

他人のことそんなに
他人
考えなくてもいいよ〜〜〜
あなたの人生は大人になってからが本番なんです!!
人生
とりあえず今は生きてれば大丈夫で〜す
人生
今大切にすべきなのは、あなたが好きなこと、もの
そしてそれを自由に愛するために学ぶことです
"義務"とか"必修"とか強めに言うほどマストな知識
あなたに必要なのは今そっちです
それをやってる間に知り合う人たちは、ほとんどが一生ともにいる人ではないです。
中学卒業後3日くらいでほぼ全員忘れた
ホエ〜

他人には必要以上に
関わらなくていいし
ほっとく位でOK
“好きなこと”
と仲良く
しよう。
好きなものを見つめて
学んでいると、ある時
同じ方向を向いている
人たちも見えてくる
ようになります。
そういう場
での出会い
関わり合い
こそが、
本当にあなたにとって
必要な
人間関係になっていく
のだと思います。
私の周りは今
そういう場で出会った
人が大半で
その輪の中では
「うまくやることへの
焦《あせ》り」はありません。

ー…まあでも今思えば、人とうまくやれずに大変な思いをしたことは
今にちゃんと活きてます
グビ
〝うまくいかなさ〟も立派な経験です。対処法やうまい付き合い方は身についていくし、逆に気の合う人を見つけるのが上手くなったと思っています。
辛い気持ちもムダじゃなかったってことです
年をおうごとに世界はどんどん広くなります。
その世界をより広くするため時間を使いましょう
静かに自分を磨いていれば、きっと視界が拓《ひら》ける日が来るはずですよ！
応援しています！

やばいちゃん

Yabaichan

漫画家・イラストレーター。お寿司をキャラクター化した「おしゅし」の生活を描いた漫画などを発表。ＬＩＮＥスタンプやグッズ展開も多数。２０１６年新宿眼科画廊にて「大おしゅし展」、２０１７年同画廊にて「かえってきた大おしゅし展」などを開催。著著に『おしゅしだよ』（１～３巻）（ＫＡＤＯＫＡＷＡ）がある。

20

Q. 他人とうまくやらなくちゃダメ？

心の傷がキレイな模様になるまで

〝楽器を持たないパンクバンド〟ＢｉＳＨ

モモコグミカンパニー

「死にたい」の先にあったもの

私も「死にたい」と思うことがある。友達や知り合いに聞くと、「死にたいなんて一度も思ったことがない」「死にたい気持ちなんてまったくわからない」と言われることがあるけど、私は逆にその気持ちのほうがわからない。

中学生や高校生のころにも「死にたい」と思ったことはあるし、ＢｉＳＨに入ったばかりのころや、最近だって、「もう死んじゃいたい」と思うことはあった。
すぐに「死にたい」って思って、その考えから抜《ぬ》け出せなくなってしまうのだ。でも、本気で「死にたい」って思って追い詰《つ》められて、行きつくところまで行きついたときに、本当は「死にたい」っていうのは、「生きたい」ということなんだって気がついた。

たとえば誰《だれ》かにめちゃくちゃに傷つけられて、死にたいって思ったとき、「傷つけられたから、死にたい」のではなく、その奥底《おくそこ》には「もっと強い自分になりたい」「もっと強い自分で生きていきたい」という気持ちがある気がした。

そう思うと、そこで死んでしまうのがすごく悔《くや》しく感じたのだ。だから「仕事が忙《いそが》しくて時間がなくて、もう死にたい」とか思うけど、一方で「なんで忙しさに殺されなきゃいけないんだよ」という気持ちになる。本当は「忙しいから死にたい」ではなくて、「もっと自分の時間を〝生きたい〟」なんだろうと思う。だったら、もう「生きるしかないじゃん」と思ったのだ。

他人とうまくできないときは「想像」してみる

ＢｉＳＨの活動をしていると、色んな人と関わりがあるけど、最初のほうは全然メンバーとうまくいかなかった。

ＢｉＳＨというグループはメンバーの個性がとても強くて、それが魅力《みりょく》だと言ってくれる人も大勢いるけど、最初はものすごく大変だった。６人全員がこれまで送ってきた経歴も違《ちが》えば、趣味も好みもバラバラだった。話す内容も価値観も全部違っていた。まるで違う国の人が６人集まりました、というような感じで、留学したみたいな気持ちだった。私は性格的に喧嘩《けんか》したり言いあったりするのが苦手だから、あまり直接言ったりはしなかったけど、どうしても理解できなかったり、許せなかったりすることもあった。全員がいつも喧嘩している、とかいう状態ではなかったけど、あまりにもそれぞれが違いすぎるから、みんなどこか心に壁《かべ》を作っていた。私もみんなとうまくやることを諦《あきら》めていた。他人に踏《ふ》み込《こ》まれるのが嫌で、練習が終わったら、話もせずにすぐに家に帰っていた。

BiSHに入るまで、それまではいじめられたりした経験はあれど、他人と関わるのがいや、というタイプでもなかった。だからそんな風になってしまったことに戸惑《とまど》いを覚えた。

でも、いまは6人でちゃんと調和がとれるようになった。

相手に気になるところがあるときは、結局私の中にも問題があることが多かった。誰かを責める前に、「私はどうなんだろう？」って自問自答することで私も成長できた。「もしかして相手にはこういう事情があるのかも」と理解しようとする、想像することで自分とも向き合えるようになった。

たとえば時間にルーズな子がいたとして、「なんで時間通りにこないの。わたしはこんなに早く来てるのに」って思ったとする。でも、その自分の価値観を押《お》し付《つ》ける前に、「どうしてこんなにこの子のルーズな部分が気になるんだろう？」と自分に問いかけてみる。そうすると「自分はキッチリしすぎて窮屈《きゅうくつ》だから、ほんとはこの子みたいに楽に生きていけたらいいな」って思ってるんじゃないか、だからこの子のことがすごく気になるんじゃないか、というような自分の隠《かく》れた気持ちに気が付くことがある。だから他人を決めつけて、自分の正義を押し付ける前にまず想像してみるようにしている。

他人から嫌なことを言われたとき、「なんでそんなこと言うの？」って言えればいいけど、そうできないときもある。でも相手の表情や声を聞いて、「どうしてこういうふうに言うんだろう」「こういうふうに口では言ってるけど、たぶんつらいんだろうな……」とか想像してみるだけでもコミュニケーションのひとつになるのかなと思う。

そんな感じのコミュニケーションの積み重ねで、いま6人でうまくやっていけていると思っている。

「ひとり」でも大丈夫

でも一方で、私の中ではつねに「ひとりだ」という感覚もある。これはＢｉＳＨに加入する前からそうだった。周りに人がいないとか家族がいないとかいうわけではなかったけど、つねに誰といても「ひとり」っていう孤《こ》独感《どくかん》が強かった。でもいまはこの孤独感にすごく救われている。

「さびしいな」って気持ちになっても、結局どこにいても「ひとり」なんだから、誰に好かれても誰に嫌《きら》われても、自分の好きにしたらいいじゃん、と楽になれる。

10代のころは「ひとり」がすごく怖《こわ》かった。「ひとり」になるのが嫌で、友だちでもない人と一緒《いっしょ》にいたり、つるんだり。そういう息苦しい場所が一番苦手だった。でも、グループで群れても群れなくても、結局は人間誰しも「ひとり」なんだから、もうちょっと自分が生きやすいところにいていいんじゃないかなって思う。

ＢｉＳＨ６人で活動しているけど、結局は「ひとり」だなって思ってるから、へんにメンバーに好かれようと無理はしない。そのほうが自分らしくいられるし、すごく楽だ。たとえばファンの数にしたって、いちいち、この子のファンが多い、私のファンは少ないとか考えすぎなくて済む。それを考えだすと、あの子よりファンが少ないから自分はダメなんだ……と気にしてしまう。でも、ファンの人が多かろうが少なかろうが「ひとり」なんだからって思うと楽になれる。

学校にいると、とくに「ひとりはダメなんだ」という意識が強くなってしまうけど、結局はみんな「ひとり」だから「ひとり」でいたっていいんだよ、と思う。もちろんグループにいることを心の寄《よ》り処《どころ》にすると楽だし、その気持ちはとてもよくわかるけど、ひとりでいたって全然ダメじゃない。

「ひとり」の時間とか自由を大切にしていると、しぜんと同じような人が見つかったりする。「ひとり」の時間を大切にしてるもの同士で友達になったりすれば、意外と心地よく過ごせるかもしれない。

死なないけど、逃げていい

これはあくまでも私の場合の話だから、みんなに当てはまるとは思わないし、私個人の体験談として聞いてほしいのだけど、冒頭で書いたように私もよく「死にたい」って思ってしまっていた。それはそうやって考えるとちょっと楽になれるからだ。現状のすべてを捨て去って死んでしまえば、もう何もやらなくていい。でも、自分のなかにどこか逃げがあると思っていた。「死んだら全部終わるし、どうでもいいじゃん」って投げやりになる自分が嫌で、変えたかった。一度「死にたい」の沼《ぬま》にはまるとなかなか抜け出せないのも苦しかった。

だからあるとき、自分の頭の中で「死ぬのは絶対にやめよう」と決めて、「死ぬ」という選択肢《せんたくし》をなくしてみた。そうしてしまったら、追い詰められて苦しくなるのかなって思っていたけど、それはそれで意外と楽になった。

「死ぬ」という選択肢がないから、生きるしかない。そうすると、それまで「死にたい」の沼にはまって、「死ぬ」ことばかり考えていた時間がちょっとムダだったのかな？と思えた。そのぶんどうやって生きるかを考えるようになって、ちょっとだけ未来に光が差した。「絶対に逃《に》げない」と決めるのはあまりにもハードルが高いけど、「絶対に死なない」だったら、まだマシだった。生きながら、逃げたっていいのだ。生きていれば、何したっていいのだ。だから、嫌なことがあると、すぐにすべてをゼロにしたくなるけど、０・１だけは残しておこうと思うようにしている。

心の傷が自分だけの模様になる

いままでいろんなことがあって、毎日「死にたい」って思っていたこともあったけど、いま振《ふ》り返ると、そのときにつけられた傷跡《きずあと》が、自分の心のキレイな模様になっているなと思う。その模様は、自分だけの模様になっている。私はこの模様をとても気に入ってるし、結構魅力的なんじゃないかと思う。

傷つけられたばかりで、まだ傷が癒《い》えてないときはすごく痛々しく見えるけど、それがだんだんかさぶたになって、やがて取れたとき、とてもきれいな模様になる。

それは赤ちゃんみたいに真っ白な心よりも、ずっと魅力的で強くてかっこいいものだと思っている。だから、いま傷だらけでめちゃくちゃ苦しくても、それが全部なくなってしまうのはもったいないと思う。その痛々しい傷がかっこよくてキレイな模様になるまで生きたら、もっともっと魅力的な人になれるはずだ。

モモコグミカンパニー　Momoko Gumi Company

〝楽器を持たないパンクバンド〟ＢiＳＨのメンバー。２０１５年結成、２０１６年avex traxよりメジャーデビュー。結成時からのメンバーで、最も多くの楽曲で歌詞を手がける。読書や言葉を愛し、独自の価値観、世界観を持つ彼女が書く歌詞は、圧倒的な支持を集め、作詞家としての評価も高い。２０１８年３月に初の著書『目を合わせるということ』（シンコーミュージック）を上梓。２０２１年５月現在第16刷と異例のベストセラー。２作目のエッセイ本『君が夢に出てきたよ』（日販アイ・ピー・エス）は、クラウドファンディングで支持者と共に完成までの過程を公開するプロジェクトを立ち上げ、目標の２６３６％を達成した。

21

嫌《いや》なものは嫌

Q. 家族だから大切にしなくちゃダメ？

漫画家　ハルオサン

罪悪感もあった
不安もあった
だけど絶縁のその先には…

確かな…
幸せがあった

幸せになりたいなら
嫌いなことから「離《はな》れる」
それが一番確実で手っ取り早い

「家族ならわかりあえる」
そんなことは全然なかったよ
キレイな言葉は幸せと関係ない
大人になるほど選択肢《せんたくし》が増えて心が楽になった
別に汚《きたな》くたっていいじゃないか

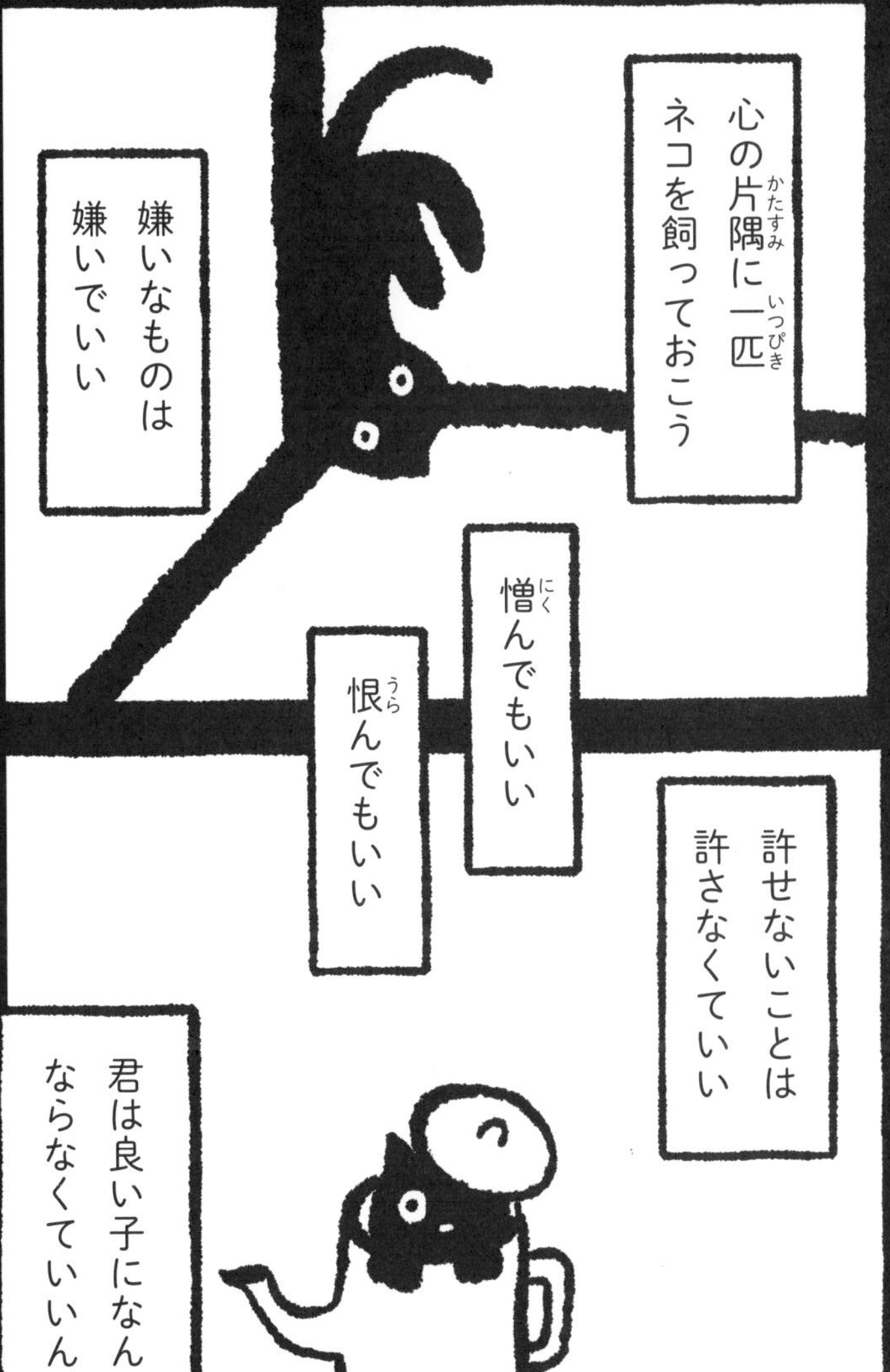
心の片隅《かたすみ》に一匹《いっぴき》ネコを飼っておこう
嫌いなものは嫌いでいい
憎《にく》んでもいい
恨《うら》んでもいい
許せないことは許さなくていい
君は良い子になんてならなくていいんだ

ハルオサン Haruosan

漫画家。18歳で警察官をクビになり、営業や特殊清掃、日雇い仕事などを転々とする。２０１８年、初めて描いた漫画『警察官をクビになった話』をＷＥＢで発表。１日２００万ＰＶを記録するなど、大きな話題となった。主な著書に『警察官をクビになった話』（河出書房新社）などがある。

22

Q. 家族だから大切にしなくちゃダメ？

家族を嫌《きら》いでいてもいい

文筆家　小林《こばやし》エリコ

　私は現在四十三歳《さい》であるが、家族とはまったくといっていいほど連絡《れんらく》を取っていない。父と兄の電話番号やメールアドレスを知らないし、正確な住所もわからない。母の連絡先は知っているが、めったに連絡をとらず、年末年始も帰らない時がある。世間からしたら、私は「家族を大事にしないひどい子供」に映っているだろう。

　世の中の人は「親孝行をしよう」とか「家族を大事にしよう」というけれど、大事にしたい家族を持っていない場合はどうしたらいいのだろう。私は子供の頃、その規範《きはん》に沿って、家族を大事にしようと努力していたが、歳《とし》を取るにつれ、その必要はないと思うようになった。少し、私の家族の話をしよう。

私の家族は父と母、兄と妹の私による四人家族で、茨城県の小さな団地に住んでいた。父はほとんど毎日飲み歩き、たまに早く帰ってくると、酔《よ》っ払《ぱら》って家で暴れた。「誰《だれ》のおかげで飯が食えると思っているんだ！」と、怒鳴《どな》りながら、父が食卓《しょくたく》を蹴《け》り飛ばすと、シャケや大根おろしが宙を舞《ま》って畳《たたみ》の上に落ちる。私と母は黙《だま》ってそれらを片付けた。

父が夜遅《よるおそ》く帰ってきた時は、いつも母と大喧嘩《おおげんか》を始める。「体調が悪い」という母に対して父は「具合が悪いなら救急車を呼べ！」と怒鳴り、勝手に救急車を呼んで大騒《おおさわ》ぎになった。私はふすま一つ隔《へだ》てた部屋で寝《ね》ながら、ビクビクしていた。夜になるといつ喧嘩が始まるのかと、不安になってなかなか眠《ねむ》れないでいた。

兄が両親のことをどう思っていたのかわからないが、彼《かれ》は自分なりに楽しくやっていた。兄は中学に入ってしばらくしたのち、不良となり、髪《かみ》の毛を茶色くして改造した制服を着るようになった。テニス部に入り、仲間と悪いことをして遊んでいたのを思うと、兄は自分でストレスの解消法を見つけていたのだと思う。そして、そのストレス解消法の中に私への暴力があった。

　兄が小学校高学年で、私が低学年だった時、一緒《いっしょ》の部屋で寝ていたのだが、兄が私の体を勝手に触《さわ》るようになった。私は誰にも相談できず、ただひたすら耐《た》えていた。お風《ふ》呂《ろ》にも一緒に入っていたのだけれど、嫌《いや》なことをされるので、お風呂に入るのをやめた。そのため、私は一ヶ月に一度しかお風呂に入らないという不潔極まりない人間になり、肩《かた》の上のフケをクラスメイトに馬鹿にされるようになり、いじめられるようになった。

　他にも、兄は何の理由もなく、私を何回も力強く叩《たた》くことがあった。「やめて！　やめて！」と叫《さけ》んでも兄は一向に手を止めない。兄の平手が収まった瞬間《しゅんかん》に、布団で寝ている母に駆《か》け寄《よ》って「お母さん、助けて！」と訴《うった》えるのだが、母はピクリとも動かず、布団の中でじっと目を閉じていた。

　兄は私の左腕《ひだりうで》を引っ張ると、そのまま玄関《げんかん》の外に放り出し、鍵《かぎ》を閉めた。私は裸足《はだし》のまま家の外に追い出され、大きな声で泣き続けた。声が枯《か》れ、疲《つか》れてきても、泣くのをやめたら家に入れてもらえないと考え、泣き続けていると、保険のおばさんがやってきて「お母さんに怒《おこ》られたの？」と聞いてくれた。まさか兄だとは言えず、無言でうなずくと、おばさんが家のブザーを押《お》した。すると、ドアの隙間から無表情の母がのそりと出てきた。「お母さん、かわいそうだから入れてやってあげて」そう保険のおばさんに言われて、母は無言で私を家に入れた。その後も、兄による暴力と家からの締《し》め出《だ》しは続き、私は団地の下にある公園で、裸足のままブランコを漕《こ》いでいたこともある。

私にとって、家庭とは安心できる場所ではなかった。助けてくれない母を恨《うら》んだこともあったが、今思うと、あの頃の母は、精神的に疲れていたのだと思う。それに、当時、父と母が夫婦喧嘩をしていた時、母が寝ている私を起こして「エリちゃん、お母さん離《り》婚《こん》してもいい？」と泣きそうな顔で聞いてきた時、私は「うん」と言えなかった。この生活が終わったらどうなってしまうのかと怖《こわ》くなって「離婚したら嫌だ」と泣いてしまったのだ。そのせいだろうか、母はそれ以来、離婚を口にせず、ひたすら耐える生活を送り続けた。離婚したのは私と兄が成人して、何年も経ってからだった。

子供のうちは家族が嫌でも家から出ていくことができない。お金を稼《かせ》いで、自分で住まいを手に入れることができないうちは、この家で生きなければいけない。私はあの時の生活を形容するならば「収容所」がぴったりくると思っている。

父が作った「家族」という収容所で私たちは生きていた。衣食住を父に奪《うば》われた私たちには、ここしか居場所がない。父の機《き》嫌《げん》さえ良ければ収容所での生活がよくなると学んだ私は、いつも父の顔色を窺《うかが》って生活していた。肩を揉《も》み、酒を注ぎ、父の愚痴《ぐち》を聞いた。風呂場から呼ばれると父の大きな背中を流した。

そんな私がつらい時間を忘れられるのは絵を描《か》いている時だった。美術の成績が良かったので、小さい時から将来は美大へ行くのだと夢見ていたのだが、進路を決める際、両親にひどく反対された。それでも夢を諦《あきら》めきれず、美大に行かせてくれと泣いて懇願《こんがん》したが「そんなところに行っても無駄《むだ》だ」「金なんてない」と父は私を怒鳴りつけ、仕方なく短大の文学部に進学した。大人になって知ったのだが、無理やり勉強をさせる、子供の進路を親が勝手に決めるなどの行為《こうい》は「教育《きょういく》虐待《ぎゃくたい》」と呼ばれるそうだ。私の親もそれだったのだろう。

　もちろん、家族から受けたことすべてが嫌だったわけではない。父は暴力を振《ふ》るうし、浮気《うわき》もしていたが、私のことを可愛がってくれた。

　映画が好きな父は、いつも私を東京の映画館に連れていって、映画の後は、見たこともないような大きなオムライスをご馳走《ちそう》してくれた。他にも、博打《ばくち》が好きな父は年中競輪場へ行っていて、そこへ私を連れていった。子供が行く場所ではないけれど、家にいるより楽しいので、私はよくついて行った。父は「お腹空いてないか？」と私を気遣《きづか》い、焼き鳥やおでんを買ってきてくれた。

　夏休みになると、必ず何処《どこ》かに家族旅行へ行ったし、海水浴にもずいぶん行った。誕生日には丸いケーキが食べられたし、プレゼントもちゃんともらえた。大好きだったジブリの映画は毎回父が連れていってくれたし、母も時々付《つ》き添《そ》ってくれた。まったく愛情がなかったとは言い難く、純度百パーセントの怒りで家族を憎《にく》むことはできない。

家族のことをどう思っているかと問われれば、憎んでもいるし、愛してもいるというのが正直なところだ。私という人間を形成したのはあの家族であり、それがなければ私という人間はこの世に存在しなかった。

私は大人になってから東京で働いていたが、仕事で失敗して、茨城の実家に戻《もど》り、十年近く引きこもりをした。家族との暮らしに疲れ、支援者《しえんしゃ》の手を借りて実家を出て、一人暮らしを始めた。家族と離《はな》れて精神的に楽になったが、その後、お金がなくなり生活保護を三年間受けた。現在は仕事を得て、自分のお金で一人暮らしをしている。家族と距離《きょり》を置いてから、自分がどんどん健康になっていくのを感じる。家族が自分の人生から消えると、やりたいこと、やれることが格段に増えた。

私は子供の頃、自分の家族とずっと一緒に暮らさなければいけないのだと絶望していたけれど、そんなことはなかった。私は結婚していないし、子供もいないけれど、自分を不幸だとは思わない。

子供は親や周囲から与《あた》えられるものだけで、生活をしなければならず、自分で選ぶことができない。家族、親戚《しんせき》、学校のクラスメイト、塾《じゅく》、近所の人。私は長い間、小さな社会で絶望していた。一生ここから出られないのだと思っていた。けれど、今は生まれた土地を離れ、まったく別の場所で息をして生活をしている。これを読んでいる十代のあなたが、今を懐《なつ》かしく思える未来が来ることを祈《いの》りたい。そして、それは決して不可能ではない。なぜなら、あなたと同じ子供時代を生きた私が言うのだから。

小林エリコ

Kobayashi Eriko

１９７７年茨城生まれ。文筆家・漫画家。短大卒業後、漫画雑誌の編集に携わるも、自殺を図り退職。その後、精神障害者手帳を取得し、現在は通院を続けながら、ＮＰＯ法人で事務員として働く。ミニコミ「精神病新聞」の発行終了後は、フリーペーパー「エリコ新聞」の刊行を続けている。著書に『家族、捨ててもいいですか？』（大和書房）、『生きながら十代に葬られ』（イースト・プレス）、『この地獄を生きるのだ　うつ病、生活保護。死ねなかった私が「再生」するまで。』（イースト・プレス）などがある。

Q. 家族だから大切にしなくちゃダメ?

23

我《が》慢《まん》しなくていいんだよ

NPO法人BONDプロジェクト代表・ライター 橘《たちばな》ジュン

親孝行しなきゃって、小さな頃から無理して頑張《がんば》っている子もいるよね。大好きな家族から自分の存在を否定されたりすれば、すごく傷つくし、しんどいよね。

家族って大切だけど、自分がされたくないことは我慢しなくていいし、命を脅《おびや》かされるほどツライことからは逃《に》げてもいいし、自分のこと一番に考えていいんだよ。

暴力が日常的にあったりすると、怒《おこ》らせてしまった自分が悪いんだって思って自分を責めてしまう子もいるんだけど、それは違《ちが》うんだよ。あなたは悪くない。悪いのは暴力を振《ふ》るう大人。その人に問題があって、あなたは悪くないんだよ。

そんな時、周りの大人に相談することができればいいけど、その誰《だれ》かをはっきりと思《おも》い浮《う》かべることができない人も多いと思う。学校の保健室の先生でもいいし、友達のお母さんでもいいし、かかりつけのお医者さんでもいいし、習い事の先生でもいいし、近所のお店の人でもいいんだけど、話せそうな人はいるかな？

この人に相談したら自分はどうなるんだろう、助けてもらえるんだろうか、話したことでもっと怖《こわ》い目にあったりしないかって考えると、迷ってしまうよね。

大人を信用することって難《むずか》しいと思うんだ。ちゃんと話さないといけないって思うだろうし、話しても信じてもらえなかったらどうしよう、家族に伝わってしまったらどうしようって怖くなったりしちゃうよね。

それなら一人で抱《かか》えている方がラクだし、自分さえ我慢していれば家族を傷つけることもないしって、そう自分に言い聞かせている人もいるかもしれないね。

でもね、悲しいことなんだけど、我慢していても良くなる状況《じょうきょう》って少ないんだ。もっと言えば、どんどん暴力がエスカレートしてしまうこともあるんだよ。親は家族に見せる顔と外出先で見せる顔が違うってこともあるかもしれないね。外では「優しくて良い人」って言われてるお父さんが、家の中ではお母さんに暴力振るったり、自分たち子どもにも手を出してきたりするなんてこともあるのに、外面《そとづら》がいいせいで、家の中で起こっている出来事を信じてもらえないかもと心配になるよね。それに、相談して信じてもらえなかったり、嫌《いや》な目にあったりしてしまったら、もう二度と相談なんかしたくないって思うかもしれない。でも、そんなふうに思わないでほしいの。話をきちんと聞ける大人もいるから諦めないでほしいよ。

今から友だちの話をさせてもらうね。約３年前にメール相談を通じて、ＢＯＮＤプロジェクトに相談をくれたの。小さな頃から親から虐待《ぎゃくたい》を受けていて、彼女が大学生の時に私たちの運営するシェルターに繋《つな》がったよ。

物心ついた時から親のいる世界は絶対で、言うことは聞かなきゃいけなくて親の望む子供でいないといけないと思ったし、何より親子だから、ずっと一緒《いっしょ》にいないといけない、離《はな》れてはいけないと思ってた。

私は世間的には虐待といわれることを父親からされていた。

気づいたのは、中１の保健の授業の時だった。性行為《せいこうい》とかのことを先生が話していて、その時、初めて私とお父さんがしていることはおかしいことなのかもしれないと思った。

今までこれは悪いことだって気づかなかったし、お父さんもお前のことが好きだからって言っていたから、行為は普通《ふつう》のことで、どこの家庭の子もしていることなんだと思っていた。

でもこんなことして欲しくないってずっと嫌だった。保健の授業で知ってから、お父さんを気持ち悪い、怖いっていう気持ちが強くなったけど、中２になって私が成長するにつれてお父さんの行為はひどくなった。

お父さんは２人だけの秘密で、絶対に人に言っちゃいけないよ、って言うし、言ったら家族がめちゃくちゃになると考えたら、誰かに相談することは出来なかった。こんな話を大人にしても周りの人が本気で信じてくれるとは思わなかったし、自分が我慢すればいいんだと思っていた。

自分にそう言い聞かせてもしんどくて、苦しくて、死にたいって思う気持ちの方が大きくなってしまった。それでも家を出る決心はずっと出来なかった。親子は絶対だと思っていたから。大切にしないといけないと思っていたから。

大学生になった時、体調を崩《くず》したことをきっかけに私は周りの人に半ば強制的に保護されて、親と離れることになった。

親と離れて暮らすようになって、もちろんその行為を受けることはなくなったけれど、気持ちのつらさは正直なくならない。それでも今、親と離れて暮らしているけど、私はこれが一番良い選択《せんたく》だと思っている。

戸《こ》籍上《せきじょう》では親子かもしれないけど、私自身の人生だから、私が選んでいいんだよね。もちろん仲の良い親子だったら良かったと思うけど、どちらかがしんどい気持ちでいたら、良い関係にはならないと思うし、どちらかが我慢する必要はないと思うから。

家族なんだから大切にしなきゃダメ？って、私も思っていたけど、そうではなくて自分自身のことを大切にしていいんだって思いたい。過去と向き合うのは時間がかかってしまうけど、私の人生だから、少しずつ頑張っていきたいな。

私の友だちの声、みんなにはどんなふうに響《ひび》いたかな？　自分の人生を生きるってことは悩《なや》んだり、葛藤《かっとう》したり、時に苦しかったりすることもあるけれど、無駄や意味がないことはないし、たくさん考えていろいろなことを感じてほしいよ。

「私の人生だから私が選んでいいんだ」って言葉、みんなに届くといいな。

私たちは10代20代の生きづらさを抱えている女の子たちからの相談を受けて、支援《しえん》をしているＢＯＮＤプロジェクトっていう団体だよ。スタッフも10代から30代までの女性たち20名ほどで、毎日楽しく活動しています。

　生きづらさって漠然《ばくぜん》としているし、どんなことを相談していいのかなって思うよね。

「親がこわい、家から出たい、生きる意味がみつからない、自分の存在がわからない、パパ活がやめられない、おうちの人からカラダを触られる、ＳＮＳで知らない人との繋がりを求めてしまう、学校がしんどい、友達とうまくいかない、恋人《こいびと》から暴力を振るわれてしまった、自分を傷つける行為がやめられない、死にたい、消えたい、居場所がない、寂《さび》しい」とかそんな声が届くよ。
お話を聞いて、一緒に考えさせてもらえたらいいなと思っています。あなたもよかったら声を聞かせてね。待っているよ。

橘ジュン Tachibana Jun

ＮＰＯ法人ＢＯＮＤプロジェクト代表。ルポライター。２００６年、パートナーのカメラマンＫＥＮと共に、街頭の女の子の声を伝えるフリーマガジン「ＶＯＩＣＥＳ」を創刊。これまで少女たちを中心に３０００人以上に声をかけつづけてきた。２００９年、10代20代の生きづらさを抱える女の子を支えるＮＰＯ法人ＢＯＮＤプロジェクトを設立。虐待、家出、貧困など様々な困難を一人で抱えてしまう女の子に寄りそう「聴く、伝える、繋ぐ」を実践中。著書に『漂流少女　夜の街に居場所を求めて』（太郎次郎社エディタス）、『最下層女子高生　無関心社会の罪』（小学館）などがある。

Q. 現実から逃げたらダメ?

24

現実からは逃《に》げていい

文筆家 pha

誰《だれ》かに「現実から逃げるな」と言われたとしても、あまりまともに聞かなくていい。

なぜなら「現実から逃げる」という言葉はあまりにも解像度が低すぎて意味がないからだ。そんなことを言う人は、問題になっていることについてあまりちゃんと考えていないに決まっている。

他人に対して「現実から逃げるな」とか偉《えら》そうなことを言う人間は、その人自身が何かを我《が》慢《まん》しているから、他の人に対しても自分と同じ我慢を求めているだけだったりする。そんなのはくだらない。みんな我慢しないのが一番いい。

もし自分で自分に対して「現実から逃げてはいけない」と思いこんでしまっているときは、考え直したほうがいい。

そんな思考の袋小路《ふくろこうじ》に陥《おちい》っているときは、精神が弱って思考が偏《かたよ》っている。そういうときはすべてを投げ出して休むのがいい。僕《ぼく》は弱ったときはネットで自分よりダメそうな人の話や、殺人事件の話とかを検索《けんさく》して読みまくる。あとはジャンクなお菓子《かし》をむさぼり食ってひたすら寝《ね》る。そうするとちょっと楽になる。

「現実から逃げてはいけない」という言葉は粗《あら》い。

問いの立て方が粗いと、そこから抜《ぬ》け出す方法が見えなくなってしまう。「現実」とは何か、「逃げる」とは何か。それをもっと細かい言葉で捉え直すことが必要だ。

世の中には「逃げてもいいこと」と「できれば逃げないほうがいいこと」がある。「絶対に逃げてはいけないこと」というのはない。「絶対に逃げてはいけない」ということに、誰かがしておきたいこと、というのがあるだけだ。

「逃げてもいいこと」からはもちろん逃げていいし、「できれば逃げないほうがいいこと」からも、たまには逃げていい。逃げると損をしたりもするけれど、人間にはそうしたいときもある。逸脱《いつだつ》は人間の特技だ。逃げるのは楽しい。やるべきことだけをやっていると息が詰《つ》まる。

僕は二十五歳《さい》で就職して二十八歳で会社を辞めた。安定している会社だったけれど、仕事が全然できなかったし興味も持てなかったし、ここに何十年も勤めるのは絶対無理だと思った。無職の状態で関西から東京に出てきて、インターネットで知り合いを作って、そこからずっと定職につかずに文章を書いたりしながらふらふらと生きている。

今でも思い出すのだけど、会社を辞めた瞬間《しゅんかん》の気持ちよさはすさまじかった。会社にはいい思い出は何もなかったけれど、辞めた瞬間の気持ちよさだけで、一度就職しておいてよかったな、と思った。辞める前は不安も大きかったけど、わりとなんとかなった。人生は意外とどうにかなるようにできている。

逃げるか逃げないかを考えるときに難しいのは、どれが「逃げてもいいこと」で、どれが「できれば逃げないほうがいいこと」か、それを見分けることだ。

こういうことは一人で考えていると全くわからなくなる。人間は一人でいるとすぐに視野《しや》狭窄《きょうさく》に陥る。そういうときに意見を聞くために他人がいる。周りに相談できる人がいないときは、本を読むのでもいい。

僕は会社を辞める前に、定職につかずにふらふらと生きている人のブログや本を読みまくった。そうすると、意外とそういう人間は世界にたくさんいるんだな、と思えて安心できた。

人間はみんな、自分の周りの狭《せま》い世界しか見えない。

周りの人間はみんな大学に行くのが普通《ふつう》だという人もいれば、みんな高校を出て働くのが普通だという人もいる。毎年海外旅行に行くのが普通だという人もいれば、毎年知り合いの誰かが逮捕《たいほ》されるのが普通だという人もいる。世界は想像以上に広くて、社会は思ったよりも交わらない。現実は人の数だけある。自分の周りの世界以外を見るためには、見ようとする意志が必要になる。人の話を聞いたり本を読んだりするのは世界を広げるための第一歩だ。

誰かに相談するとき、相手は別にすごい人じゃなくてもいい。

ダメな恋愛《れんあい》を繰《く》り返している人が、他人の恋愛に対してはすごく真っ当なアドバイスをする、ということがよくある。

「お前がそれを言う？」って思ったりもするけど、人間というのは他人のことは意外とちゃんと見えるものなのだ。自分の立ち位置からは見えないものを見てもらうために、他人はいる。僕は自分のことが大好きでいつも自分のことばかり考えているけれど、ときどき、世界が自分だけじゃなくてよかった、ということを考えて安心する。自分だけだともっと自分はダメになっていた。

大事なのは、話を聞くときは一人だけでなく多くの人の話を聞くということだ。一人の話しか聞かないと、その相手から見た「現実」しか見えない。複数の人の話を聞くことでバランスが取れる。

人に悩《なや》みを相談するときのコツは、「悩みは娯楽《ごらく》だ」と思うことだ。

人の悩みは楽しい。だから新聞や雑誌には人生相談が載《の》っているし、インターネットはいつも悩み相談であふれている。

だから悩みを相談するときは、自分が相手に娯楽を提供している、と思うと気が楽になる。

お互《たが》いの悩みを打ち明けあって、「ひでー」「ほんとクソだな」とか言い合える仲間ができると一番いい。人間というのはネガティブな部分を共有したほうが仲良くなれる。だからダメな人間ほど人と仲良くなりやすい、というところがある。

プライドを高く持ち過ぎないことは大事だ。自分をさらけ出せないくらいプライドが高いと、人に相談できなくなってしまうからだ。自分もダメだし、自分以外の人間もみんなダメ、ホモ・サピエンスはそんなもの、という気持ちを持つようにしたい。ダメな奴《やつ》が生きていけないなら、人類はもっと何百万年も前に滅《ほろ》んでいただろう。

とりあえず悩んだときは、その悩みをネットに書き出せばいいと思う。ネットなら誰かが読んでくれるし、書くことで自分の中でも整理ができる。

重要なのは、恥《は》ずかしいことをネットに書くときは本名を使わないということだ。名前さえごまかしておけば黒歴史はいくらでも消せる。

書いて、都合が悪くなったら消す。行き詰《づ》まったら、逃げて別の場所に行く。

そんな風にいくらでもリセットしてやり直すことができたら、自殺する人は減るんじゃないかと思う。

この世界で一番大切なのは、リセットのしやすさだ。

失敗したときにいくらでもリセットがしやすいから、僕はネットが好きだし、都会が好きだ。

pha

１９７８年大阪生まれ。京都大学総合人間学部を24歳で卒業し、25歳で就職。28歳のときにインターネットとプログラミングに出会った衝撃で会社を辞める。以来毎日ふらふらしながら暮らしている。シェアハウス「ギークハウスプロジェクト」発起人。著書として『しないことリスト』（だいわ文庫）、『どこでもいいからどこかへ行きたい』（幻冬舎文庫）、『夜のこと』（扶桑社）など多数。

Q. 現実から逃げたらダメ？

25

踏《ふ》み出した〝重み〟を足がかりに

詩人
岩《いわ》崎《さき》航《わたる》

青春時代と呼ぶには
あまりに
重すぎるけれど
漆黒《しっこく》とは
光を映す色のことだと

私も十七歳《さい》のときに、自分で死のうとしたことがあります。全身の筋肉が徐々《じょじょ》に衰《おとろ》えていく難病の筋ジストロフィーを持っていたので、自分のこれから先の人生に良いことなんかない、こんな不自由な体で、できないことばかりの辛《つら》い毎日から逃《のが》れたいと思ったからです。

当時は、家に引きこもり、家族以外の人とほとんど話をしない日が続いて、社会や人との関わりがとても希薄になっていました。そんな状況《じょうきょう》から、同世代の人の暮らしぶりを羨《うらや》んで、自分と違《ちが》って楽しい高校生活を送っているんだろうなと思うと気持ちが沈《しず》みました。病が治らないと未来に幸せはない。この病気の体で生きていても自分の人生が始まらないと思っていました。病気は治らないのに、病を含《ふく》めての「ありのままの自分」を否定するなら、どうしたって追い詰《つ》められてしまいます。周りに弱みを見せるのが嫌《いや》だったので、誰《だれ》も見ていないところで、ぽろぽろ涙《なみだ》をこぼして悲しんでいました。

部屋で死のうと思いつめたとき、次の瞬間《しゅんかん》「自分はこうして苦しみ、悲しむためだけに生まれてきたのではない」と激しい怒りがこみあげて死ぬのを止《や》めました。どん底に倒《たお》れた勢いが、起き上がる反発力になったのか、「最後にもう一度、死に物狂いで生きてやろう」と思いました。

考えてみると世の中は、治らない病気に限らず、自分ではどうすることもできないことにあふれています。努力で解決できたり、回避《かいひ》できることならがんばってみてもよいけれど、そうでないことだったら、考え方を変えないとどんどん辛くなってしまいます。病気になったら「治したい」と思うのが、人間の自然な感情なのと同じように、自分ですぐにはどうすることもできない辛い状況に置かれたとき、途方《とほう》に暮れたり平気ではいられないのは当然で、そんなとき、「死にたい」「消えたい」という思いが湧《わ》いてくるのは、生きている自分の血の通った感情なのだと思います。その思いは存在の奥底《おくそこ》から発せられるもので、普段《ふだん》の理性や忍耐《にんたい》みたいなものも押《お》し流すくらいの衝動《しょうどう》なのだと思います。

生きていると悪いことも起こるし、苦しいことに遭《あ》うかもしれませんが、良いことに出会う可能性が失われることはありません。人生に明日、何が起こるか分からないというのは、怖《こわ》いけれど、同時に希望でもあります。

私は、病を含めたそのままの自分で人生を生きることで悩《なや》みが増えたり、辛いこともあった一方で、詩の創作という仕事に出会えたこと、知らない人と電話で話すのも怖がるほど酷《ひど》い内気だったのに、親しい友人もでき、人との関わりや生活のなかに、生きている喜びを見いだすことができました。今は、前より体の障害は重くなっていますが、十七歳のときに、ぎりぎりのところで踏みとどまって生きることにして、幸せは自分の心で決められるし、自分なりの捉《とら》え方で見つけられることを時間をかけて知っていきました。

「死にたい」「消えたい」と思う理由は人それぞれに違うと思いますが、自分が生きているような感じがしないという心境から出てくることがあるのではないかと思います。例えるなら、真っ白で何も見えない濃《こ》い霧《きり》の中にいて、自分の存在がどんどん薄《うす》れて消えかかって茫然《ぼうぜん》自失している心細さは生きる気力を弱めていきます。自分の人生を生きようとして、何かを望むことは、まずそこに自分の身から発された思いがなければできません。こうしたいと自ら思い、自ら外に働きかけていくには、それがはじめ、わずかな動きしか起こせない微《かす》かな力であったとしても、最低限の気力がいるのです。

自分の力で
見いだした
ことのみが
本当の暗闇《くらやみ》の
灯火となる

苦しい現実から逃《に》げてはダメと自分を責めるより、避《さ》けられないなら何とかつきあっていこうと思う方が楽になります。十代のころには、自分はあれもできない、これもできないと、ないない尽《づ》くしに思えてしまいますが、何をしたらよいか分からないときは、まず少しでも自分がおもしろそうだな、いいなと惹《ひ》かれることを見つけてやってみてください。そのときには、今さらやっても遅いから、得意じゃないから、分からないから無理とか、自分でダメ出しはしないでおきます。誰のためでもなく、自分のためにやることですから、やってみて合わないなと思ったら、さっとやめて別なことをしていけばいいのです。人からのお仕《し》着《き》せではなしに、こうしたいと自分で本当に思って、それで起こした行動というのは、やはりどんな些《さ》細《さい》なものでもその人の〝重み〟が加わる。それは自分の足で一歩を踏み出したことの、確かな〝重み〟です。その〝重み〟を足がかりにして、生きることの手応えを感じていけるのではないかと思います。

　これからも人生を生きるなかで、さまざまな経験をすると思います。ままならなくてもどかしいこと、大きな壁《かべ》、先の見えない悩みや苦しみに直面したとき、大事にしたいと思うのは、自分の本当の気持ちを折りたたまないということです。初めに思い描いたとおりではない状況を受け入れなくてはならなくなったとしても、「折りたたまない」で向き合ったこと、闘《たたか》ったことは、必ず活きて自分を支えてくれるし、生きる手応えになっていくと思います。たとえ一時、「死にたい」「消えたい」という気持ちに覆《おお》われたとしても、私にも、あなたにも、その奥底には生きたいという思い、私はここにいて生きているんだという思いが、消えない灯火としてあると信じています。

　誰もがある
いのちの奥底の

燠火《おきび》は吹《ふ》き消せない
消えたと思うのは
こころの　錯覚《さつかく》

誰でもそうなんだ
世界に対して一人立つとき
火がもえる
生きているんだ
そこから見えるあなたの灯火

岩崎航

Iwasaki Wataru

１９７６年宮城生まれ。詩人。３歳で筋ジストロフィーを発症。17歳の頃、未来に絶望し死を考えたが「病を含めたありのままの姿」で自分の人生を生きようと思いを定める。25歳から詩作、２００４年から五行歌を詠む。著書に詩集『点滴ポール　生き抜くという旗印』、エッセイ集『日付の大きいカレンダー』、共著の画詩集『いのちの花、希望のうた』、第二詩集『震えたのは』（いずれもナナロク社）がある。

こころのほっとチャット

カウンセラーがあなたの悩みをしっかり聞き、あなたにとってどうすることが一番良いのか、一緒《いっしょ》に考える相談サービス。NPO法人東京メンタルヘルス・スクエアに所属するSNS相談の専門カウンセラーが対応します。WEB、LINE、Twitter、Facebookを使用したチャット形式でのSNS相談です。

■ 実施日時｜第1部　毎日12：00～16：00（受付は15：00まで）
第2部　毎日17：00～21：00（受付は20：00まで）
※1回50分、1日1回まで利用できます。

■ HP｜https://www.npo-tms.or.jp/service/sns.html

■ 運営｜NPO法人東京メンタルヘルス・スクエア

LINE　FaceBook　Twitter　WEB

10代20代の女性のためのLINE相談

10代20代の生きづらさを抱《かか》える女の子のための支援《しえん》。

家族のこと、学校のこと、家出、援助交際《えんじょこうさい》、人間関係、居場所がない、言葉にならない思いなど、よかったらお聞かせください。

対象：10代20代女性

■ 実施日時｜毎週 月、水、木、金、土曜日
第1部　14：00～18：00（相談受付 17：30まで）
第2部　18：30～22：30（相談受付 22：00まで）

■ HP｜http://bondproject.jp/

■ 運営｜NPO法人BONDプロジェクト

LINE

相談先一覧

電話、LINE、チャットを使って、匿名《とくめい》、無料で相談ができます。

チャイルドライン
18さいまでの子どもがかけるでんわ

18歳《さい》までの子どものための相談先。かかえている思いを誰《だれ》かに話すことで、少しでも楽になるよう、気持ちを受けとめます。

■電話｜0120-99-7777
実施《じっし》日時｜毎日　16：00～21：00
■チャット｜https://childline.or.jp/chat
実施日時｜毎週木曜日、金曜日、第3土曜日　16：00～21：00
■運営｜NPO法人チャイルドライン支援《しえん》センター

チャット

SNS相談
生きづらびっと

「死にたい」「消えたい」といった、つらい気持ちを安心して話せるSNS相談。必要があれば様々な分野の実務的支援へとつなぐ「生きることの包括《ほうかつ》的《てき》な支援」を行っています。

■実施日時｜月、火、木、金、日曜日　17：00～22：30（22：00まで受付）
水曜日　11：00～16：30（16：00まで受付）
■HP｜https://yorisoi-chat.jp/
■運営｜NPO法人 自殺対策支援センターライフリンク

LINE

子どもの人権110番

いじめや体罰《たいばつ》、不登校や親の虐待《ぎゃくたい》などの相談窓口。先生や親には言えない、誰に相談したらいいかわからない悩《なや》みをお聞かせください。各地域の法務局、地方法務局につながります。

■電話｜0120-007-110
■実施日時｜月～金曜日　8：30～17：15
■運営｜法務省

児童相談所虐待対応ダイヤル「189」

虐待かもと思った時などに、すぐに児童相談所に通告、相談ができる窓口。電話をかけた所在地の教育委員会の相談機関に接続されます。

■電話｜189
■実施日時｜24時間
■運営｜厚生労働省

こころもメンテしよう
～若者を支えるメンタルヘルスサイト～

子どもたちや若者を支えるメンタルヘルスサイト。

ストレスやこころの仕組み、こころの病気のサイン、友達へのサポート、専門家への相談の仕方などを掲載。

アニメや映像も使ってわかりやすく紹介しています。

HP｜https://www.mhlw.go.jp/kokoro/youth/index.html

相談先一覧

東京自殺防止センター

自殺を考えるほどつらい気持ちを抱える人のための電話相談。「孤独を感じる」「身近な人には打ち明けづらい」。そんな苦しい思いを聞かせてくれませんか?

■電話｜03-5286-9090
■実施日時｜年中無休　20：00～深夜2：30
月曜日は22：30～深夜2：30
火曜日は17：00～深夜2：30
■HP｜https://www.befrienders-jpn.org/
■運営｜NPO法人国際ビフレンダーズ東京自殺防止センター

よりそいホットライン

どんな人の悩みにもよりそう電話相談窓口。あなたの悩みを一緒《いつしよ》に解決する方法を探します。電話の先では専門の相談員がお待ちしています。ひとりで抱え込まずに、お電話ください。

■電話｜0120-279-338（岩手県、宮城県、福島県からは0120-279-226）
■実施日時｜ 24時間
■HP｜https://www.since2011.net/yorisoi/
■運営｜一般社団法人社会的包摂サポートセンター

24時間子どもSOSダイヤル

いじめやその他の問題に悩む子どもや保護者のための相談窓口。原則として、各地域の教育委員会相談機関につながります。夜間・休日を含《ふく》めて24時間対応可能。

■電話｜0120-0-78310
■実施日時｜24時間
■運営｜文部科学省

14歳の世渡り術

「死にたい」「消えたい」と思ったことがあるあなたへ

2020年11月20日　初版発行
2023年 1 月30日　3刷発行

編　者　河出書房新社

著　者　磯野真穂　今井出雲　岩崎航　うかうか　小野ほりでい　KOHH　こだま
小林エリコ　斎藤環　齋藤陽道　整形アイドル轟ちゃん　末井昭
橘ジュン　ハルオサン　春名風花　はるな檸檬　pha　藤井美穂
松本俊彦　水島広子　水谷緑　向谷地生良　村明子／さくらまい
モモコグミカンパニー　やばいちゃん

カバーイラスト　いつか
ブックデザイン　高木善彦（SLOW-LIGHT）

発行者　小野寺優
発行所　株式会社河出書房新社
〒151-0051　東京都渋谷区千駄ヶ谷2-32-2
電話　(03) 3404-1201（営業）／(03) 3404-8611（編集）
https://www.kawade.co.jp/

印　刷　凸版印刷株式会社
製　本　加藤製本株式会社

Printed in Japan
ISBN978-4-309-61727-5